品读大连·第三季

# 传奇大连老字号

CHUANQI DALIAN LAOZIHAO

黄本仁 杨 鹏 著

大连出版社
DALIAN PUBLISHING HOUSE

图书在版编目(CIP)数据

传奇 · 大连老字号 / 黄本仁，杨鹏著 . — 大连 : 大连出版社，2013.4
（品读大连 · 第三季）
ISBN 978-7-5505-0449-3

Ⅰ . ①传… Ⅱ . ①黄… ②杨… Ⅲ . ①老字号 – 介绍 – 大连市
Ⅳ . ① F279.273.13

中国版本图书馆 CIP 数据核字（2013）第 063526 号

出 版 人 : 刘明辉
策划编辑 : 刘明辉　李　岩　卢　锋　张　波　郭朝晖
责任编辑 : 卢　锋
封面设计 : 林　洋
版式设计 : 阎　骋　王　岩
责任校对 : 金　琦
责任印制 : 徐丽红

---

出版发行者 : 大连出版社
地址 : 大连市西岗区长白街 10 号
邮编 : 116011
电话 : 0411-83620401/83627430
传真 : 0411-83610391
网址 : http://www.dlmpm.com
邮箱 : cbs@dl.gov.cn
印 刷 者 : 大连图腾彩色印刷有限公司
经 销 者 : 各地新华书店

---

幅面尺寸 : 170mm × 230mm
印　　张 : 11.25
字　　数 : 190 千字
出版时间 : 2013 年 4 月第 1 版
印刷时间 : 2013 年 4 月第 1 次印刷
书　　号 : ISBN 978-7-5505-0449-3
定　　价 : 36.00 元

# 我爱大连

大连出版社将要编辑出版“品读大连”系列丛书，我非常赞成。作为一个土生土长的大连人和曾经参与过这个城市建设与发展的领导人之一，我对大连总是有一种偏爱，总是觉得这个城市所蕴涵的文化值得我们去认真挖掘。这套丛书动员十几位作者，分十几个专题对大连的文化现象进行挖掘和梳理，我认为这项工作十分有价值。

大连是一座充满活力、现代感非常强、文化不断创新的城市，也是一座有着特殊历史和个性的城市。因此，如何在新的时期找出大连的文化定位，挖掘大连的文化内涵，突出大连的城市性格，使城市的根和魂能不断通过文化来体现，并最终提炼出大连的城市精神，既是城市的管理者、建设者所要关注的，也是所有文化工作者义不容辞的责任。另一方面，随着经济的飞速发展，中国的城市化进程不断加快，在这个过程中，我们也面临着“千城一面”的特色危机，很多城市面貌趋同，城市个性模糊。实际上，城市发展不仅仅是 GDP 的单纯增长，文化内涵的建设与发展也是一个重要方面，文化竞争力将决定城市未来的竞争力。

因此，我觉得此次大连市委宣传部和大连出版社共同策划出版“品读大连”系列丛书，可谓正当其时。从多层面多角度挖掘、整理、总结、诠释大连的风物人情、文化脉络、人文价值，并以图书的形式把这些宝贵的非物质财富积累、沉淀下来，无论是对于大连这座年轻却饱经沧桑的城市来说，还是对于 600 万大连市民乃至我们的子孙后代来说，都是一件功在当代、利在千秋的好事情。当然，在宣传城市、促进交流、满足各界人士阅读需求、提升市民文化素养、锻造城市品牌力等方面，也都具有重要意义。作为一个大连人，我对这套丛书充满期待。

与中国其他城市相比，大连建市时间较短，很多人以此认为她没有文化，甚至使用了“文化沙漠”这样的词汇来定义她，很多大连人往往也是一提到“文化底蕴”就没了自信。实际上，大连有自己独特的历史文化积淀，她缺的不是文化，而是发现的眼睛、挖掘的意识、提炼的行动。这正是我们应该做并且正在做的。

最后，我想借用一句大连的流行语来表达我的心情：

我爱大连，从未离开。

这句话揭示了每一个热爱故乡的大连人内心深藏的情感。作为其中的一员，我愿怀着赤诚之心为她作出自己绵薄的贡献。

中共辽宁省委副书记 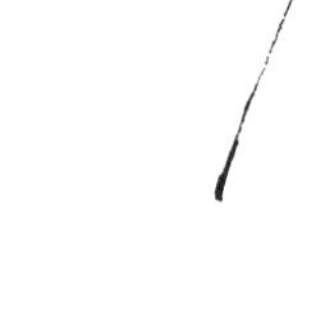

# 目　录
CONTENTS

# 康德记

## 160 余年历史的传奇老字号

时光如流水，带走了岁月沧桑、世事变换，留下来的是德记号的精髓——康健民众、济世正德。

“德记号”是金州药房中的老字号，因为店主人姓康，所以金州人又叫它“康德记”。康德记的历史要从1852年算起，至今已160余年。

记得第一次走进康德记，还是2007年时，那时它还在金州古城甲区的一条小街上，康家的第四代传人康洪源老先生和第五代传人康长春，以及康长春的大姐都在店中。不足80平方米的小店，北面一面墙的药柜，使得满室药香。康老先生温和持重，康长春敦厚少言，康家大姐年过四十，但皮肤好得像白瓷一样。大姐说，成天手中过着的是百草，素来闻着的是药香，每日学着的是医者仁心，自然相由心生。

那时的康家父子正筹划着把药店换个地方，已经选好了金州火车站旁的一个地角。康长春也刚刚从金州博物馆馆长那里将新设计的草图拿回来，他准备在金州南站的位置开一家新店。新店是一座上下二层的建筑，无论是门脸，还是店内的布局都还原了“德记号”老店的样子。没多久，康长春打来电话，说新店已经开始装修，过不了多久就要开业了，这间店就是现在金州火车站边上的红色仿古建筑——新的“康德记”。

## ▼百年老匾戏剧性失而复得

康德记的故事，还是从老匾说起吧。

每一家“老字号”都有自己的牌匾，大家可能对当年的电视剧《大宅门》记忆犹新。剧中“百草厅”易手他人后，白家二奶奶白文氏带着年幼的白景琦去摘匾的那段戏告诉现在的人，老牌匾对一家老字号有多么的重要。

当年我到康德记那间不足80平方米的老店去的时候，就发现原来悬挂“德记号”老匾的地方空了。康长春说：“2006年底时，‘德记号’提出了申请中华老字号，金州区有关方面的专家看到了老匾。经专家初步鉴定，肯定是超过100年的老物件。父亲记得听他爸爸康忠国说过，这块匾是清朝的一位有名的翰林写的，可能与北京的老字号‘瑞蚨祥’、天津的老字号‘劝业场’出自同一人手笔。专家们听后，于是就把匾拿走做进一步的鉴定去了。”

康长春的太爷爷康德富是山东福山县的康家庄人，康德富精通医理，熟悉药性，从山东迁居大连金州后一直以行医为生。1852年，康德富在金州古城第一次挂起了“德记号”招牌。随后的五六十年中，康家的几房后人将“德记号”

分店开遍了大连地区，而那块老匾一直悬挂在总店门楣之上。

1956 年，社会主义改造开始了，康洪源将“德记号”的所有财产主动交给了国家。“德记号”改名为“公私合营康德记药房”,后来又改名为“金县医药公司”。可这时却发生了一件奇怪的事儿。康洪源告诉我:“公私合营后，‘公私合营康德记药房’挂了上去，谁也没有注意老匾摘下来之后，什么时候不见了。当时不到 30 岁的我觉得，反正店已经交给了国家，匾已经没有了意义，也就没再找匾。”

30 多年过去了，到了 1988 年，有一天，康家的邻居突发急症，康洪源对儿子康长春说，赶紧找块板来，把人送医院。康长春就到了原来奶奶住的小屋里，拿了块挡杂物的板子就跑。“我和父亲就用这块板子把邻居送到了医院。回到家后，我父亲才发现，这板子上有字，再用干净的毛巾一擦，‘德记号’三个大字显现了出来。”康洪源这时才明白，当年公私合营的时候，是母亲偷偷将老匾藏了起来，直到去世也不曾透露，这块匾就这么戏剧化地保存了下来。

不久后，康家老匾失而复得的事传了出去，金县政协知道了这件事后，鼓励康洪源将“德记号”重新开起来。1988 年 9 月 9 日，“康德记联合诊所”在古城南街路东开业，金县人大、政协的领导亲自将“德记号”老匾挂到了新

冬日里，一位老人从康德记大药房门前走过

店大厅的正中，百年“德记号”翻开了新的一页。这一次距离“德记号”第一代人康德富在金州古城挂上自己的字号那年，已经过去了136年。时光如流水，带走了岁月沧桑、世事变换，留下来的是德记号的精髓——康健民众、济世正德，康家的这一祖训。

## ▼“德记号”的药曾远销到南洋

2006年，大连市选报一部分项目申请中国非物质文化遗产，金州“德记号”就是其中一个。为了收集百余年来“德记号”留存下来的历史资料，康长春跑遍了金州区、大连市，甚至北京的大型图书馆。在康长春北上南下的过程中，他理清了祖辈们创业的来龙去脉，将过去父亲对他讲过的关于康德记的一个个片段串了起来。康长春说：“这其中有两件事让我一直很好奇：一件是一个世纪以前，‘德记号’靠什么做成了那么大的买卖；第二件事就是父亲对我说过我们家的药曾经卖到了南洋，是谁做成了这件事？”

阮玲玉为德记号做广告

康长春曾经听父亲说过，德记号最鼎盛的时候，分店开到了大连的各县区，其中主要是靠药材取胜。“德记号”有很多的祖传秘方，像“女界福”“生肌珍珠散”“林则徐戒烟方”“海参丸”“小儿牛黄太极丸”等都是有口皆碑的良药。

不仅药好，康家从祖辈传下来的“康健民众、济世正德”的祖训也让“德记号”历代掌门人心怀“德性”。夏季，店内备有板凳和消暑凉茶，为路人提供免费服务；冬季，店内煎煮中药麻黄汤，供感冒、受风寒的顾客免费服用。“德记号”不仅卖药，还可以赊药。康长春说：“我们家以前有一大摞账本，都是赊账的记录。到了三大节，即端午节、中秋节、年三十，伙计就会按账收钱。如果还没有钱，可以以物抵账，比如家里有鸡蛋，就拿20个鸡蛋顶账，只要等价就行。有一年年三十，当时我父亲还小，他就听外面有驴叫声，到了院子里一看，是下去收账的伙计牵回来一头驴。伙计说他们家没钱还账，就拿驴顶了。爷爷一听火了，这是人家唯一的活路，你牵了来，让人怎么过年啊！爷爷立即让伙计把驴送了回去。”

康长春说："我爷爷是个非常节俭的人。康家到了我爷爷这代已经能算得上大户人家了，我的一个姑妈还被送到日本留学了呢。可就是这样，自行车刚在大连流行时，我爷爷愣是和邻居每人出资 15 元钱，合买了一辆自行车，一家骑半个月。可对一头驴说不要就不要了，这里面的精神需要我们这些后辈用一辈子来领悟。"

就这样一传十，十传百，老百姓有病都来"德记号"抓药。"德记号"之所以能做大，这就是其中的一个秘诀。

上个世纪 30 年代，"德记号"在大连有个分号叫"德记全栈"，可以说是数一数二的大药房。"德记全栈"的主人叫康忠全，是康长春的一个叔爷爷。康长春在寻找资料时，意外地发现，正是这个康忠全把他们家的药"女界福"卖到了新加坡、马来西亚、印尼等地。

《东北人物志》上记载了康忠全的简单经历。原来康忠全开药房以前曾经是奉天省省长王永江的商务秘书，后来因为一场战争，康忠全辞去了秘书的工作，回到了大连开起药房，于是就利用以前的渠道，将妇科良药"女界福"推销到了南洋。

## ▼含泪烧掉了与国家领导人的合影

康家经历了 160 年的浮浮沉沉，已经八旬的康洪源对很多事情都看得开了，可有一件事情，直到现在想起来，都有点心痛，那就是"文革"初期，他含泪烧掉了自己与当时几位国家领导人的合影。

1956 年，20 多岁的康洪源经过仔细考虑，带头将"德记号"的全部财产交给了国家，就连股息和分红也一分不要，成了一名自食其力的社会主义新人。也因此，他成了金县县委委员、金县青年联合会副主任。

1958 年 2 月，康洪源作为大连市五县一区的唯一代表到北京参加了全国工商界青年代表大会，有幸见到了毛泽东、刘少奇、周恩来、陈毅、彭真等国家领导人。"后来我们和领导人合了影，六七百人一起，洗出来的相片有一米多长，我就站在毛主席的身后第三排。"

可惜的是，"文革"开始后不久，康洪源因故不得不把照片拿到外面烧掉了。

"那张烧毁的照片，是'德记号'沉浮的一个缩影，重新找回照片也是父亲多年的心愿。于是申请'非遗'时，我专门去了趟北京，因为当时照片是新华社的一名记者拍的。"可是因为时隔 50 多年，新华社无法提供。正在康长春失望时，新华社一位主任提醒康长春说："如果是毛主席参加的会议，当年的人民日报应该发照片，不如你去图书馆查查当年的报纸吧。"

一语点醒梦中人，康长春直接去了北京图书馆，找到了 1958 年 2 月 28 日的报纸，果然毛主席出席会议的照片刊登在中央的位置。康长春找到了父亲，在第四排左边第五位。一个多年的心愿终于了结了。

## ▼医者仁心

“德记号”重新开业以来，继承了百余年来的经营理念，聘请有名望的老中医坐诊，对经济困难的患者，采取赊账或减免医药费的方式，受到金州市民的好评。2003 年“非典”时期，康长春与父亲康洪源一起煎煮了价值两万多元的预防“非典”的中药，并包装成袋，免费发放给下岗、失业人员和贫困户、敬老院的老人。直到现在，康长春依然坚持到社区义务看病，为社区内的孤寡老人建立了家庭健康档案，定期免费上门为其诊察疾病，指导用药。

160 年的故事续写到今天，已经算得上传奇，虽然康德记的生意曾经做到了南洋，但康家几代人的根依然在金州。如今在这座古城里，100 多年以上的事物不多了，康德记对面的金州火车站算得上一个。在中医式微的今天，一个以中医起家的老字号如何传承，这是康家父子面对的一个新命题。康家祖训——康健民众、济世正德，让“康德记”走过了 160 年的风雨，或许传承所需要的智慧也在这八个字当中，需要细细品味。

# 大仁堂

## 80 年来没挪地儿

斗转星移，80多个春秋走过，大仁堂依然屹立在西岗区新开大街上，这本身就是一种传奇。

大仁堂，大连本地的老百姓对它极其熟悉。大仁堂创建于上世纪30年代，算起来有着80年的历史，虽然它没有北京同仁堂那么闻名全国，蜚声国外，但是在大连这个地界上，还是有着一定的声望的。在它草创之初，还曾与同仁堂扯上过些微的关系，只不过，世事变迁，物是人非，曾经的一点关系，早已经湮没于尘世与世俗之中，更何况中间隔着80年的岁月鸿沟。

大仁堂的创始人叫做刘恕庵，他是河北省安国市人，依靠安国药材帮的关系来到大连经营中药店，加入了中药业中的"京帮"行列。在寺儿沟开药店时，因羡慕北京同仁堂的牌号响亮，为招揽顾客，也用了同仁堂牌号。

他在寺儿沟经营药店期间，正值日本国内生产的人参在大连和东北地区倾销。日本生产的人参是从中国东北引进的，使用人工大量培植，从表面上看与中国产人参并无多大区别，而其售价比中国产人参要便宜一半还多。药店除经营中药业务外，把主要精力放在贩运日本产的人参上。日本产的人参都用大型风船由日本港口运抵大连老虎滩口岸，中国药商就从这里购进，进而运往东北和内地销售。刘恕庵把日本产人参运到他家乡的安国大药市销售，因此发了一笔财。于是他一边在大龙街附近开设分店，一边将目光盯准了新开大街。

上世纪30年代初，大连地区中药行业正是兴旺时期，在寺儿沟经营同仁堂的京帮药商刘恕庵，看到小岗子是中国居民集中区，也是华商汇集地，在这里开设分店有利可图。他几经走访，在闹市新开大街（今新开路）的按摩医院原址租赁了三间房，准备开设同仁堂分号。

可是，在登记注册店名时，却遇到了"阻力"。刘恕庵给新店起名"京都同仁堂参草药店"，但为他办理登记手续的药业同业组织一核查，问他如果真与北京同仁堂药店是一家，应该称为大连分店。北京同仁堂是全国闻名的，不得改用牌号。如果与北京同仁堂一无关系，可用同仁堂牌号，但不能冠上"京都"二字。

刘恕庵自知与北京同仁堂一无关系，因此最后改称"京都大仁堂参草药店"字号，于1933年10月15日正式开业。刘恕庵用"京都"这一招很有用处，大连老百姓对久负盛名的北京中药是心向往之，看到“京都”字样的大仁堂药店开业，光顾购药者日渐增加。而大仁堂本身，也没有辜负顾客的信任，真是在药品的质量上下功夫，做到了货真价实，一丝不苟。加上刘恕庵本人是河北人，说是京都来的，大连人也相信。他聘用的经理刘子扬、店员马振山、赵春霆等人以及店内学徒，全是清一色的河北安国人，所有店员服务态度好，配药认真。

大仁堂初建时的规模，排在全市药业的中游，坐堂医生也不出名，中药品种也不够齐备。大仁堂与全市最大的药商康家的德记全栈比较，不论从经济实力、药业规模等各个方面都相差甚大。但刘恕庵并不气馁，决心赶上德记全栈。凡店中临时缺药，无法配方时，就由店员马振山等分头到京帮中药店暂借，以克服品种不全的弱点。与此同时，大仁堂又与维扬大药房合作，联系在家挂牌行医的较有名气的刘志学、孔杼堂等医生，凡是他们的处方，都由医生嘱咐指定到大仁堂取药，并说明大仁堂的中药是地道京装药材，能保证药效。这样，大仁堂的社会信誉大为提高。

历经十载刘恕庵手中有了钱，就到天津开设了福记大药店。1944年，他把大仁堂的店务交给老店员赵春霆掌管。

1945年大连解放后，党和政府颁布了一系列保护和扶持私营工商业的政策，使全市中药业走上了健康发展的道路。

大连解放初期，因遭受国民党军的海陆封锁，内地药材难以运进来。大连药业同业公会将原为日本人控制的药业组织库存药材分给各户，但仍不能满足销售需求。各药店均受品种不全之苦，而大仁堂却仍能保持配方齐全。这是因为刘恕庵在河北安国中药市场和天津福记大药店设法运进药材，以应门市急需，这是大连其他药店难以办到的。从那之后，大仁堂脱颖而出，在全市中药业中名声日高。

大仁堂因患者众多，取药拥挤，原来的店址不敷使用，1949年迁到离原址不远的北边，现在西岗百货公司、燃料商店附近，药房面积由原来30余平方米增加到60余平方米，店员增加到20余人。

1950年以后，由于市内医院数量增加，各厂矿都建立了自己的卫生所和保健站，市民们对西医有了新的认识，服用中药的日渐减少，中药行业开始萎缩，歇业者不少。但中医中药有它独特的价值，大仁堂的营业仍然兴旺，各方面所需求的中药都向大仁堂集中。

1956年1月20日，全市76家私营中药店开始合营，成立了公私合营的中药商店，归医药公司领导。这些药店基本上采用了原班人马和店铺名称。西岗区的中药店，合营后集中在长春路、大同街和新开路等地带。大仁堂地处新开路闹市，且久负盛名，合营后仍用“大仁堂”店号，资方代理人赵春霆任私方经理。由于业务发展，店员增加到30余人，原店址不敷应用，药店又迁到离原址200来米远的新址——原私营裕成绸缎庄处，装修后，大仁堂面貌焕然一新。

公私合营后的大仁堂，经营中西成药、饮片，并监制丸、散、膏、丹、药酒等。在150余种的中成药中有保持承袭的祖传秘方，选料、炮制和配伍等各个方面都保持了大仁堂的独家特色。1957年以后，大仁堂进一步发展成为经营全国各地的中西成药、饮片、参茸、补品、化学药品、医用器械的综合性大药房，还担负了全市的特供任务，经营品种达到了1500余种。

“文革”时期，大仁堂改称“东方红医药门市”。十一届三中全会后，仍恢复“大仁堂”店名，业务有了进一步的发展。在经营上坚持“中药多味配方缺味不可”的原则，保持了品种全的特点，其饮片成方率平均达到97%左右。实行勤进快销，凡是购进的药材，一律经过严格筛选，加工后再装箱上斗，充分发挥老药工的技能，继承和发挥大仁堂的优良传统。

为了继承祖国传统中医药遗产，弘扬中国传统文化，满足市民用药需要，上世纪90年代末，大仁堂在上级有关部门的关怀支持下，又投资30余万元（人民币），翻修了店房楼上楼下，对卖场进行装修改建。经过装修后的卖场，既保持了中医中药的古老特色，又颇具现代化的风貌。

斗转星移，80多个春秋走过，大仁堂依然屹立在新开大街上，这本身就是一种传奇。

大仁堂总店

# 益昌糕点店

## 金州古城的悠长味道

“多少年来还是那个味……”历经岁月变迁，不改初衷，其中的回味，可谓悠长。

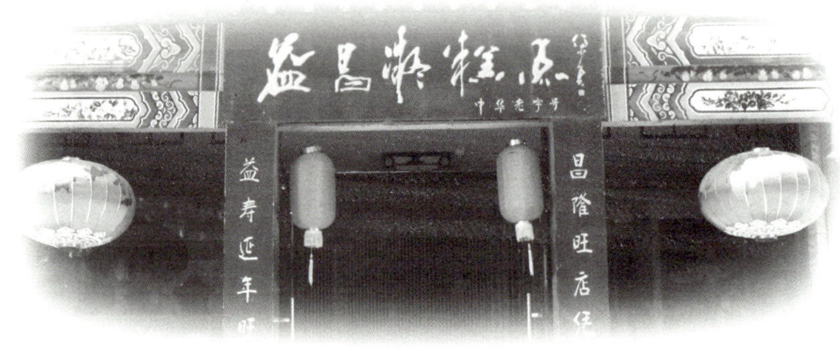


在金州古城，有两个最老的老字号特色店，一是康德记药店，另一个就是益昌糕点店。益昌成立于1869年，在辽南地区口碑颇佳，迄今四代相传，店龄143年。

“多少年来还是那个味……”历经岁月变迁，不改初衷，其中的回味，可谓悠长。

## ▼三家合资经营创品牌

益昌糕点店创立于1869年（清同治八年），迄今已有143年的店龄。那时的辽南大地上，论繁华，也只有复州城堪与金州城比肩。彼时，李鸿章还没有在旅顺口修大坞，北洋水师尚不存在，副都统衙门设在金州，南金书院开在金州，金州城可谓文人武将辈出。此时，距离俄国强租旅大尚有30年的太平光景。

益昌糕点店就开在此时，开在繁华的金州城里。现在的资料显示，益昌创立初期经过了两年时间的试营业，到1871年才正式开张，创始人是吴鸿恩、吴鸿毅、王范，由三家合资经营。王范任掌柜，吴鸿恩、吴鸿毅负责生产技术，有店员徒工20余名，是当时金州城内规模较大的糕点店。

益昌糕点有了名气后，没有吃过的人问：“这个店的烧饼味道好在哪里？”而吃过的人就会说：“甜而不腻，又脆又香，越吃越想吃。”于是大家都去买，一时间益昌糕点供不应求。

有人就想方设法打听该店产品制作的技术秘密，准备仿制展开竞争。吴鸿恩是益昌糕点店制作技术负责人，早就防着呢，他规定产品制作各道工序分别独立，最后合成由他一人操作，这样谁也搞不清其中秘密。也正因为如此，益昌糕点制作技术被神秘化了。

## ▼讨账治“老赖”

益昌糕点店买卖是好了，但也遇到不少麻烦事。城内驻扎的清军士兵听说该店烧饼好吃，便经常三三两两前来白吃白喝，吃够了一抹嘴就走，还骂道：“奶奶的，这样的东西还要付钱。”店员敢怒而不敢言。幸而该店有了名气，城内达官贵人、富商大贾常把益昌糕点作为人情往来之用，对店方也有所照顾。清军的长官是这里的常客，有一次问及该店营业情况，店方便将清军士兵吃了不付钱还骂人的事如实反映给他。清军长官听后沉思了一会儿，说："这事好办，以后遇有此事，你们通知我，我有办法整治这些混蛋。"

不久，几个惯于白吃白喝的清兵又来了，店老板笑脸相迎，并暗地里派人通知清军长官。当这些清兵吃饱了，正要离店时，清军执法队的官兵把店门堵住，问店员："这些兵吃了多少东西，付了多少钱？"店员不敢回答。执法队长立即让这几个清兵付钱，清兵没有付钱准备，根本拿不出钱来。队长当场进行审问，并要求店员大胆报告。店员这才如实反映他们从来不付钱，清兵也供认不讳。执法队长把有罪士兵押到店门外大街上，向过往行人、围观群众宣布其过，为严肃军纪，命令有罪士兵自己打自己耳光。围观群众大声叫好，纷纷说："天下没有白吃的，该打，打得好！"从此，清军士兵再也不敢来白吃了。

平时，本地居民到益昌买糕点，一般可不当时即付现款，店方用一个购物折子写明购货日期、品名、价格、总价若干，然后在每年的三个节日期间收款。端午节不付，可延至中秋节；中秋节不付，到旧历除夕是最后结账期。少数"老赖"认为在除夕夜不付可以拖到来年，对此该店也有应对之招，让店员到"老赖"家门口，打着灯笼一直守到年初一早晨也不走。见此情景，很多邻居行人不解，店员解释道："所以打灯笼，说明除夕夜还未过，是这家还想欠了钱不付，我们没法回店交待。"结果这家"老赖"在众人劝说下，不得不还账。这初一点灯笼讨账，成了社会新闻，益昌糕点店的讨账高招也传遍了金州古城。这些欠户之名也随之远扬，从此老赖欠户大大地减少了。

传统中式糕点

### ▼经常为大户人家帮忙

1880年，益昌糕点店原掌柜王范病故。吴鸿恩独资开设益昌号果子铺，仍经营传统风味小吃，又增添了小磨香油、麻汁酱等产品。所产小磨香油成了金州居民家用的常备食品，药房也用它制膏药。1896年，益昌号推出特别酱油、高粱醋、甜面酱、炒面酱等产品，还用小黄瓜、线豆等加工出什锦小酱菜。该店的炒面酱和甜面酱，是春饼和熟肉食品不可缺少的佐料，供应辽南各大饭店，如大连泰华楼、普兰店春和园、金州复兴饭店等，可谓当时两大"名酱"。

益昌糕点店为争取和扩大销路，还经常派人到大户人家去帮忙。那年，原奉天省省长王永江的父亲去世，按当地风俗，要在家停放七七四十九天。王家世居金州，于是益昌店就选派人手去帮忙。当时王家每隔7天搞一次悼念活动，参加者有大礼宾（主持人）、做佛事的僧道以及王家亲朋人等。这些人吃的糕点酒席，所有酱油、糕点等都是益昌供应的。此后，金州城内外所有大户的婚丧喜庆，所用糕点等都由益昌糕点店包了。

益昌糕点店每天凌晨两三点钟就开门营业，为进城赶集的农民准备好早点，晚上一般到9点以后才闭店，店员可轮班休息。白天摆在柜台上的东西，一定要在晚上装好、包好、摆好，货架上的货物要整理好。账房先生得将白天赊销的账款在晚上对好，职工们要把次日的生产用料和工具等在晚上备好。因而全店每个人的工作都很紧凑，一定要做到保质保量，服务周到。

为了方便农村居民购货，该店还用自行车往农村送货，城南送到董家沟，城北送到三十里堡。虽然安全无法保证，但为了扩大销路，也只能冒些风险。

益昌糕点店还经常利用赶庙会的机会做生意。当时金州的庙会每年有10余次，如二月初十城隍庙、三月十六观音阁、四月十三响水寺等等。这些庙会活动，每次都在3到5天左右。庙会的活动时间越长，该店的生意越好。

## ▼1944年曾被迫停业

1933年以后，日本殖民当局把大连地区流通的银元、银角都收缴起来，强

包装变了，味道没变

迫老百姓用朝鲜银行的纸币，以七折八扣的方式大肆掠夺，然后把所有银币运到日本。市面上纸币泛滥，失去信用，益昌糕点店的营业也因此受到极大影响，每年三大节清账也取消了。七七事变后，大连地区物资越来越匮乏，商家进货和销售都是如俗话所说：“王小二过年，一年不如一年”了。

太平洋战争爆发后，大连地区一切物资统由日寇掌握的行业同业公会配给。当时面粉已经断供了，配给该店的原料面粉，竟用挂面代替，使人哭笑不得。在经营不景气的情况下，敌伪人员经常到店中吃喝 ，吃完一文不给，说是“记账”，这“记账”等于白吃。加上日寇还强迫华人青壮年当劳工，店中年轻人逃的逃躲的躲，店里只好以老弱员工维持残局，到了 1944 年被迫停业。

益昌传人

## ▼老店新生

1945 年 8 月日本投降后，大连人民欢欣鼓舞庆祝光复，历经沧桑的益昌糕点店正式恢复营业，生意逐渐兴旺起来。在人民政府支持私营工商业政策帮助下，该店得到进一步发展，成了金州的老字号名店。店务始终由吴家主持，吴鸿恩病故后，由吴乃容接替。

1951 年吴乃容病故后，吴承宝担任经理，并兼任当地工商联领导下的糕点、糖果、面包、酱油、灌肠等七个行业公会的主委。1956 年全行业公私合营时，益昌糕点店是一个自负盈亏的集体单位，经营一个糕点加工厂和五个糕点门市，经过合作化运动，走上了社会主义的道路。1962 年该店门市划归地方贸易公司，1965 年糕点加工厂划归金县国营糖业、烟酒、糕点总公司。虽然经过上述一再改组变动，但益昌糕点的看家技能没有丢，代代相传以至今日，老店名店的可贵之处即在于此。

吴家很重视接班人的培养。如第三代的吴智明，吴家为了不让他养成游手好闲的坏习惯，在他 15 岁时把他送进店内当学徒工，让他钻研祖传技术，要求精益求精，不断创新。

改革开放后，为了恢复和发展传统食品，恢复老字号名店产品，政府大力支持老字号发展。吴承宝走访动员原益昌糕点店的老师傅老职工，并编写技术资料，培训人员，终于在 1983 年 12 月 25 日使益昌糕点店重新开业，店务由第三代传人吴智明掌管，产品增加到 30 多个品种和 40 多个花样。年近八旬的吴智明，身体硬朗，每天都到店指导业务，检查产品质量，保持产品的原有风味。

吴智明始终不忘祖辈的教导，把培养接班人作为第一要务。很快，益昌第四代掌门人吴学林走马上任，担任副经理。据吴学林透露:“益昌糕点店的产品，仍保持 100 多年前的原样，但为了与时俱进，邀请了上海等地糕点业的专家到金州考察指导，进一步提高产品的质量，并在产品中加入了一些新材料，以适合现代人的品味。”

益昌糕点店老店新开，让金州人尝到了久违的味道。143 年来，益昌一直秉承着创业之初的名号，143 年的起起落落，能坚持下来，就是一个奇迹。

# 群英楼

## 从旅顺口“王春记”起家

群英楼是大连市餐饮业老字号中第一个在天津街创响名号的，见证了天津街百年历史沧桑。

具有120年历史的老字号群英楼是大连市店龄最长的一家饭店。

1892年，创始人王春宝在旅顺口开设王春记饭店，十年后迁至市内修竹街，1911年成为全市“十二大名楼饭店”之一。

从创始之日起，迄今已经走过120年的岁月，从一家小馆起家，到现在坐拥天津街老字号一条街的名店位置，群英楼的招牌，120年的时间铸就，120年的传承使然，120年的追随如故。

## ▼创始人叫王春宝

群英楼的创业和发展历程是非常艰难曲折的。创始人王春宝，山东福山县人，1874年出生，家境贫寒，读了几年私塾就辍了学，到一家饭店当学徒工。这家饭店的掌灶厨师是他的堂叔，在当地很有名气。王春宝很聪明、悟性高，他勤学苦练，学会了做风味小吃和各种面食的技艺。后来，他被堂叔调到后厨学做炒菜，到18岁时，他已能做堂叔的助手了。

那一年，王春宝的堂叔突然旧病复发，回家养病。堂叔向店主推荐王春宝代理厨师职务，而店主认为王春宝年龄太轻不能担此重任，要到外边另请厨师来掌灶。心高气傲的王春宝认为这是对他的侮辱，一怒之下回了老家。

王春宝的老家有很多人在旅顺口做买卖。有人劝他，也去旅顺口闯一下，说不定有发展的机会呢。于是在1892年，王春宝来到了旅顺口。

当时，旅顺口在李鸿章的经营下，已经成为北洋海军的重要军港。王春宝在朋友的资助下，开了一家小饭馆，名叫“王春记饭店”，炒菜、饺子、面条什么都卖，虽然档次不高，可他做的菜和风味小吃十分可口，吸引了很多人光顾，因而买卖挺顺利，也赚了一笔钱。

王春宝结识了一位朋友，是当地老铁山王家村的教书先生，也姓王，家中是地主。他到旅顺口街里，必到“王春记”吃午餐，喜欢吃该店的“两吃海参”和虾肉水饺。这位王先生经常给王春宝讲一些时局变化和文化知识。中日甲午战争爆发后，很多山东老乡逃返山东，王春宝则避居老铁山王先生家，躲过一场浩劫。

战后，“王春记”重新营业。1898年，俄国强租大连。大连建港开市后，工商业发展超过了旅顺口。1902年，王春宝看准机遇，在当时沙俄所称的达里尼市欧罗巴区的一条商业街（今中山区天津街、

1894年以前的旅顺

修竹街一带）开设了一家“王春记”。从此他在天津街站稳脚跟，一步一个脚印，由小店发展到大店。1911年，“王春记”更名为群英楼大饭店，成为大连名店，是全市餐饮业老字号中第一个在天津街创响名号的，也是唯一一个从天津街起步时就存在，到天津街改造时才撤离的老店，它见证了天津街百年历史沧桑。

## ▼从“王春记”到群英楼

今天，有许多人认为大连餐饮业的老字号原来都在天津街，其实这是一种误解。大连餐饮业的老字号绝大部分是在小岗子（今西岗区）建立和发展起来的，有“一阁”、“二天”、“二庄”、“十二楼”之称。当它们在小岗子成名后，才一个接一个地向青泥洼桥和“浪速町”（在日本殖民统治大连时期对今天津街的称呼）迁址营业或设分号，其中群英楼是唯一在天津街成名的。

从“王春记”改名为群英楼大饭店，这里面还有一个故事。

王春记饭店所在的“浪速町”、“东乡町”（日本殖民统治时期对今大连修竹街的称呼）一带中日商号汇集，占有地理优势。王春宝雄心勃勃，决心向名店进军。他经常到小岗子各大名店串门，寻找有名的厨师暗中学艺，相互交流，提高烹饪技艺。经过几番周折，他联系上了当时大连餐饮业的领军人物——“二天”之一杏乐天饭店的经理兼掌灶迟元亨。迟元亨和王春宝是山东福山县桃源村的老乡，厨艺高超，在他的经营下，当时小岗子各大知名饭店中，杏乐天的营业收入是居于首位的。由小岗子发展到其他几区的饭店掌灶师傅大多在杏乐天学过厨艺，大连地区的鲁菜风味大部分是由此店传出。王春宝经过迟元亨亦师亦友的点拨开导，一手鲁菜烹饪技艺日趋精湛。

1908年，“王春记”把邻近的房屋逐步收购下来，把小店扩充为大店，并适时推出了自己的新产品。“王春记”的名菜有“四喜丸子”、“九转大肠”、“糖醋鱼”、“樱桃肉”等。对原有风味小吃也加以改进，如虾肉水饺也成了有名的招牌小吃。中国人喜欢“王春记”的“两吃海参”，日本商人喜欢这里的饺子，还以“春之店”的称呼在日文报纸上宣传。

经此一番革新，“王春记”不仅在天津街上创出名号，在全市也出了名。王春宝胆子也大了，在经营方法上、在鲁菜制作上敢于和各大饭店叫板。

当时的社会名流孙耀庭经常来“王春记”吃饭，对王春宝的敬业精神非常佩服，时间长了，他俩也成了知心朋友。有一天临走时，孙先生向王春宝说：“我看到近来店中的发展很高兴，听说商会会长刘肇亿、郭精义和朋友招待客人都来你的店，这是大好事。但我有一个想法，照目前情况来看，你这个店应该进‘楼’了。”王春宝不明白，问：“是不是要盖新大楼啊？”孙先生说：“你误会了，不是盖楼，我的意思是原来的店名‘王春记’已不适应今天的新局面，应该用‘楼’字命名，如‘泰华楼’，向它们看齐，给店起一个新名字。”王春宝一听很感兴趣，说他也有这个想法，只是苦于个人文化所限，想不出一个好楼名。

孙先生说：“评书中听过《群英会》，不妨就叫‘群英楼’。因为原来的店名太俗，我们起新名要提高档次。为什么叫群英楼？因为新店的顾客都是有地位的人。他们来此就餐，群集在店中，边吃饭，边畅谈天下事，这是极大的乐趣，再说你的这个店也是各大饭店以楼命名的群楼中的精英，有资格起这个店名。”听到这里，王春宝乐了，大声说：“我没文化，精英大概和英雄差不多吧。我就羡慕评书中的英雄好汉，一直做着英雄之梦。你说咱店是群楼中的精英，那我这个老板算不算个英雄？”

孙先生说：“精英和英雄是有差别的，不过你从农村来到大连，勇敢拼搏、虚心学艺，能有今天的成就，够得上精英。我不管别人对你怎样看，我个人承认你是英雄人物。不过有一点要求，做英雄要有英雄的行为，你除了做老板外，在社会上，在同行中要有正义感，要为群众献身，要见义勇为，为老百姓做好事，这才算真正的英雄。”

这一席话，深深打动了王春宝，他当即决定把店名改为群英楼。1911年，群英楼出现在了天津街上。

## ▼发家后不忘接济穷人

王春宝一身正气，心系公益事业，这在当时的饮食行业中是罕见的。

王春宝以前忙于生意，没有考虑过赚了钱要干什么。孙耀庭的一席话触动了王春宝的心弦，此后，王春宝开始关注社会上的贫苦群众，接济饭店周边的穷人。在行业公会中，王春宝也乐于承担责任，还被选为市商会董事。

过去店中是赚钱第一，现在是为社会做好事第一，捐款救济难民；过去教育儿孙辈以传承技艺为第一，现在以做人应做好人为首要。从此，不仅群英楼成为有名的大饭店，王春宝在社会上也成了名人。

上世纪 30 年代后，日本财阀在大连"浪速町"开了一家大百货商店，店名"几久屋"（即后来的天百），中国人叫它"几久屋洋行"。这家商店很会做买卖，小商品如针线纽扣都设专柜出售，一时间店中顾客如云。原在小岗子的餐饮业老字号和风味小吃店，也先后进驻"浪速町"，如山水楼、四云楼、糯米香、王麻子锅贴、杨家吊炉饼、狗不理包子铺以及各种名号的饺子馆，都集中在几久屋周边地段，与群英楼距离不远。

## ▼人去楼不空，老店后继有人

在群英楼进入黄金时代不久，王春宝因年老体弱，积劳成疾，离开了人世。但群英楼并没有人去楼空，由他一手培养的继承人王杰臣，把群英楼带上了更高的层次，并开设了分店亚东楼。至今大连地区的鲁菜样式，大都出自王杰臣之手。

上世纪 40 年代后，日本侵略者发动了太平洋战争，大连地区经济恶化，物资严重匮乏，各饭店使用的原料都实行配给制，华商各大饭店的营业额大幅度滑坡。为了应对困境，许多饭店也顾不上什么名菜和风味了，把一些高档酒席的"六大件"、"四小件"，改为用一般原料混搭的"十大件"充数，质量大打折扣。

据 1943 年统计，大连市饮食行业共有 814 户，其中华商 406 户、日商 405 户，华商大部分集中在西岗。1944 年，华商饭店都处于奄奄一息半停业状态，仅有一些勉强维持，大连老字号的发展与名菜的传承受到严重影响。

1945 年大连解放后，因受国民党军的封锁，粮食和日用物品严重短缺，各大饭店无法开业。直到东北全境解放后，经济开始恢复，饭店才陆续恢复营业。但因长期停业，厨师很多已经散失。群英楼尚能留下主要厨师，因而营业没有受到太多的影响。

新中国成立后，社会风气大变，新气象、新风尚改变了人们的生活观念，很少有人再去酒楼饭店吃什么名菜和风味，各大饭店也以人们的家常菜来应市。1956 年全行业实行社会主义改造，各大饭店都进行公私合营，统归市饮食公司管理，各饭店原有人员也作了局部的调整。

群英楼饭店当时是大连餐饮业的一个招牌，除保留原有厨师外，还调入有发展前途的年轻人作为后备力量。当时辽东饭庄更名大连饭店，由以餐饮业为主改为以旅馆业为主，青年厨师牟传仁调入群英楼工作。牟传仁当时 20 多岁，进入群英楼后，用心钻研，以在原辽东饭庄学到的鲁菜厨艺为基础，再把群英楼看家名菜全部继承下来，并有所创新，因而很快成长起来。

改革开放后，牟传仁升任群英楼经理。他对群英楼的风味饺子制作工艺进行改革，向日本出口饺子，获得“天下第一饺”的荣誉，也将群英楼的发展推向了一个新的高度。

本世纪初，天津街经过大规模的改造，一些老字号相继搬出了天津街繁华地带，但群英楼的名字一直是大连老百姓心中的一块金字招牌，群英楼的馒头、水饺一直是老百姓过节时的首选。2012 年，天津街将一批老字号重聚在一起，群英楼的招牌在 10 年后又一次竖起在天津街，比起 100 多年前，王春宝第一次把群英楼的招牌在这里挂起来时，气势已经不可同日而语。

群英楼原址

# 泰华楼

## 枪声一响，全市华商罢市

庞老先生对故乡的思念，停留在泉水的老宅，停留在北京街附近他儿时上过的幼儿园，停留在泰华楼名菜上，因为那是故乡的滋味。

记得2011年5月，在日本殖民统治大连时期曾任西岗商会会长的庞睦堂先生的孙子庞世雄先生，带着自己的一双儿女来大连寻根。傍晚，久居香港的庞老先生非常想吃大连菜，我们一行人就找了一家生意火爆的大连老菜馆。席间，老人点了葱烧海参、油炸海蛎子、凉拌海蜇皮等菜，老人深情地说："当年，我最爱吃泰华楼的这几样菜，一想吃，爷爷就带上我坐车从泉水到泰华楼解馋。"庞世雄先生是在1945年大连解放前随父亲离开大连的，在那之后再没有回过大连，他对故乡的思念，停留在泉水的老宅，停留在北京街附近他儿时上过的幼儿园，停留在泰华楼名菜上，因为那是故乡的滋味。

如今，泰华楼早已经消失，但是倒退回上世纪二三十年代，泰华楼的鼎盛时期，监部通和奥町的中间（今长江路民生街附近，解放后不久为中山区教育局办公楼）的一处繁华所在，就是泰华楼。泰华楼店址宽大，菜品可口，华商商会开大会都在此举行，风头一时无两。

## ▼大连餐饮业十二楼之首

大连餐饮业老字号，多起于上世纪初期。当时在今青泥洼桥裕景商城处，建立了一个小型动物园，名叫电气游园（今森林动物园的前身）。因是全市商业的繁华中心，华商方面在电气游园内，创办了大连市有史以来最大的大酒楼大饭店，它的店号叫登瀛阁。这家大饭店集山东鲁菜、本地连菜的名菜于一身，吸引了全市华人，也引来了日本人、俄国人和西方人士，营业之火爆，居全市华商餐饮业之首位，因此餐饮业的老字号论资排辈，登瀛阁是居于第一位的。

登瀛阁之后，全市华商餐饮业先后有"十二名楼"的崛起，为首的是泰华楼大饭店，其次有四云楼、聚仙楼、山水楼、惠宾楼、群英楼等12家大饭店，都以"楼"命名。泰华楼在"十二名楼"中始终处于领军地位，和登瀛阁一样，泰华楼得到华商商会的全力支持，华商领导人和华商商会宴请贵宾、嘉客，都是首选泰华楼，受此影响，泰华楼营业火爆及其知名度，远远超过登瀛阁，可以说是后来居上。

泰华楼的名菜很多，有代表性的是：葱烧海参、烧鸭、清蒸加吉鱼、红烧鱼翅等等。其中葱烧海参闻名中外，吃葱烧海参，必到泰华楼，才吃得正宗。

## ▼泰华楼枪声

以泰华楼为首的餐饮业老字号，发展到上世纪 20 年代初，可以说是进入黄金时期，随着大连市人口的急剧的增加，经济也在快速发展。1921 年 4 月，平时一派祥和，觥筹交错的泰华楼大饭店却意外地响起了枪声，震动了全市。枪声的响起只是这一意外的序曲，更大规模的事件由此拉开了序幕——大连建市以来的第一次大规模的全市华商大罢市发生了。

一个大饭店怎能发生枪杀案呢？枪杀案又如何引起了如此规模巨大的罢市风波？

1921 年 4 月，日本殖民统治当局，看到华商的急剧发展，看到华商手中的白银（华商以银本位经商，使用银两、银元）在大量流通，竟想全部吞吃，悍然下令实行所谓“金建制”，强迫华商实行金本位营业，限令华商华人把所持有的银两、银元、银角，甚至银饰品，限期去兑换日本朝鲜银行所发行的纸币。银元与纸币的兑换价是 1 元兑 7 角，也就是说把中国人的财富打了一个 7 折，这就是一场赤裸裸的掠夺。“金建制”引起了大连人民的极大愤怒。

当时的华商商会会长叫郭精义，字学纯，是华商八大富豪中的“第二富豪”，郭精义为人正义，在华商华人中很有威信，受人拥戴。“金建制”发生之始，郭精义为了维护大连人民的切身利益，不顾个人安危，一再与日本殖民当局交涉，请求撤销或暂缓实行“金建制”，但遭到拒绝。在不得已的情况下，时任泰东日报社编辑长的傅立鱼建议，实施“以毒攻毒”之计，凡在大连交易所营业的华商全部退出，停止营业。凡与日本工商业有关的华人大企业一律停业，以示抗议。

大连交易所是全市经济的命脉，日本殖民当局依赖它的税收，华商的罢市更使日方大企业受到损失，日方有识之士，也向日本当局建议，停止“金建制”的施行。但日本统治者仍一意孤行。为此，华商商会召集全市重要企业代表，在“泰华楼”举行紧急会议，商讨组织请愿团，直接去日本东京，向日本内阁和日本天皇请愿，以求解决问题。

当郭会长在紧急会议上，向全体华商代表报告筹组赴日请愿团时，突然爆出一声枪响，子弹从郭精义耳边擦过，射在对门的门框上，显然这是敌人狗急跳墙下的毒手。由是全体华商起立，慰问郭会长有无受伤，郭会长非常镇定，大声宣布：“我很好，丝毫没有受伤，敌人企图杀死我，我毫无畏惧，我有商会和数以万计的商民支持，正义必胜，邪恶必败。”

大会经此突然事件，没有中途休会，反而是加速会议进程，除通过请愿团立即启程外，还决定宣布全市华商进行大罢市，以示严正抗议。

郭精义会长到达东京后，敌人又雇用暴徒，带了郭精义的照片，到旅馆寻找，企图枪杀郭会长，幸而郭精义因为儿子腹泻，人在厕所里，因而避免了一劫。事情传到大连，《泰东日报》刊登特讯，让全市人民知道，并开放泰华楼，郭会长被敌人枪击的现场，让全市参观，敌人的丑恶与无耻彻底暴露在大连人民面前。

郭会长一行在日本，花了大量人力、物力，打通日本内阁和日本皇室的关节，郭会长受到日本天皇接见，告知“迅速返回大连，事情必能妥善处理”。当郭会长回到大连不久，大连殖民当局长官被调回国内，新来的长官宣布“金建制”失效，华商请愿至此取得了成功。

在与日本殖民当局对抗“金建制”成功后，郭精义仍在泰华楼设宴，但想不到的是这是郭会长最后一次宴请客人的盛会。

大连人民取得反“金建制”的胜利，凶恶的日本殖民者对郭精义是恨之入骨。有一天，郭精义突发牙痛，没有上班，他带儿子去胜利桥牙科门诊所看病。这个门诊所的主任大夫是日本名医，郭会长是慕名而去。谁知从牙科诊所回来后不到3个小时，郭精义就口吐白沫，不省人事，家人不知情况，急送医院，但途中即告不治。郭会长就这样不明不白地告别了人世。事情传到北京，当时的中华民国政府总统送来“义声载道”四个大字的挽词，让全体华商华人哀痛万分。

不久之后，留在泰华楼门框上的那枚子弹也被取走了。

## ▼泰华楼的最后身影

太平洋战争爆发后，大连经济急转直下，老百姓连吃都吃不饱，哪有人上饭店。很多饭店歇业，泰华楼也不例外。

1945年8月大连解放后，全市经济受到国民党的封锁，物资缺乏，餐饮业复业的很少。直到1946年后，形势稍为好转，泰华楼首先开门营业。店中员工早有爱国主义思想基础，一旦听到了从延安来连的东北文工团演唱的革命歌曲，看过了话剧《日出》后，人人响应中国共产党，并主动联系有关方面，称凡是有宴请东北文工团的招待会，泰华楼第一个承办。著名演员于兰曾3次来到泰华楼，对员工的热情服务表示感谢。也曾有个别员工，主动参加了东北文工团，随团前往前线慰问人民革命的队伍，也留下一段佳话。

1956年公私合营后不久，所有私营企业全都成为国营。“文革”中，不少餐饮业老字号消失了。直到改革开放，泰华楼重新开张，并在星海公园坚持了将近两年。夏季时营业还可以，可一到冬季，客人无几，营业清淡，最终退出了历史舞台。

# 山水楼

## 从“上海馒头”到“太子包”

有一次北京演员谢芳来到山水楼，品尝了这种水煎包子，见其又白又胖，面皮如雪，蓬松暄软，馅鲜汤美，浓香可口，她若有所思，突然说了一句话：“这包子的外形，真像古代生长在皇帝深宫中白白胖胖的小太子一样令人喜爱。”

山水楼最早的店主是浙江宁波人小余，15岁即到上海宁波帮饭店学徒。他勤学苦练，17岁即能做一手宁波菜。但老板一直不给涨工资，他一气之下不干了。小余的父亲是行商，经常往返于沪鲁之间，对山东沿海如青岛、烟台等地的商情非常熟悉，小余就随父亲到了烟台，进入一家饭馆工作。烟台老板认为小余年轻，让他做帮厨。从此，他又精心学做鲁菜。1932年他已20岁，既能做上海菜，又会做山东菜，但仍未被识才重用。刚好有两位同事和他处于同样的境地，他们交谈之间得知，东北的大连有发展，于是3人便结伴来到大连谋生。

他们先在西岗露天市场合资开办小饭馆，店名叫"小浦东"，做上海菜和山东鲁菜。小余有个绝活，能做上海的馒头（北方叫包子）。这上海馒头大受欢迎，给店里挣了不少钱。后来，他们将饭店迁到市场街附近，规模大了，名气也大了。原来3人合伙的小店，现在已雇佣了10多个人。为了进一步提高知名度，他们又准备把饭店迁到当时大连最繁华的大广场（今中山广场）附近的山县通（今人民路）扩大营业。但当时山县通寸土寸金，已无空地。不得已，他们在附近的浪速町（今天津街，当时比较荒凉，有不少空地）建造新店，择吉开张。

新店开张要有新店名，不能再用什么"小浦东"了。一位有些文化的老顾客，给新店起了一个很响亮的名字——"山水楼"。当时用"楼"字的饭店都是比较有名的大饭店，如泰华楼、群英楼等。"山"是指饭店有三个老板，"山"与"三"同音；"水"是指三个人用双手拼搏创业，"手"与"水"在上海发音相同。这"山水楼"代表三个人共同创业的深意。

"山水楼"牌匾一亮，立即引起人们的关注。大家感觉这个店名既响亮又有新意，还有文雅之风，体现了中华饮食文化的内涵。山水楼开业后，它制作的上海菜很受食客青睐，特别是上海馒头，皮薄馅多，香中有甜，风味独特，一时大为畅销。只是当时浪速町人流不足，人气不旺，对于山水楼生意有一定影响。可不久，情况便发生了变化。日本财阀在大连开办了一家全市最大的百货公司，叫"几久屋"（今天百大楼前身），地址就选在山水楼的对面，于是山水楼地脚上的劣势变成了优势。

几久屋洋行开业后，浪速町人气旺盛，大量顾客涌进购物。人们累了饿了，便纷纷奔向街对面的山水楼，不问菜价，好像不要钱似的抢座位，一时间顾客排成了长队。山水楼做梦也想不到有如此景象，员工们赶紧热情招待。顾客吃饱喝足了，还捎带再买些上海馒头带回家。在排长队的顾客中，许多人等不及了，便买上几个上海馒头充饥，结果山水楼的上海馒头供不应求。店堂内顾客进进出出，厨师累得满头大汗，不得不增加人手，加班工作。

山水楼生意火爆，名声大响，外地来连人士到了浪速町，也必到山水楼就餐。当时山水楼的十大名菜有黄鱼参、火瞳金鸡、虾球两吃、熘肝尖、全家福等。“全家福”又名“全家团圆”，是综合了南方“红烧狮子头”和北方“四喜丸子”的做法而制作的。这些菜品加上“上海馒头”，便是山水楼的拿手菜肴。

山水楼的上海馒头，大连人叫它“水煎包子”，虽然名气大，但一直没有一个特殊点的名字。有一次北京演员谢芳来到山水楼，品尝了这种水煎包子，见其又白又胖，面皮如雪，蓬松暄软，馅鲜汤美，浓香可口，她若有所思，突然说了一句话:“这包子的外形，真像古代生长在皇帝深宫中白白胖胖的小太子一样令人喜爱。”在座者闻言，鼓掌叫好，在称赞谢芳的才气和灵感的同时，建议老板: 你店的水煎包子,应正名为“太子包”。因为是名人之言，这消息很快传遍坊间，成为“吃”的一大新闻。

“文革”期间，山水楼曾经更名为“延风饭店”、“实验饭店”，1982 年才恢复原名。天津街改造后，它闭门歇业了一个时期。2011 年，老字号饭店山水楼重回天津街，恢复营业，店址在同心街 33-1 号。

重回天津街的山水楼

# 四云楼

## 香飘滨城的烧鸡店

老者深思熟虑，认为这四个年轻人自愿合作，好像天上四朵云彩飘聚在一起，由是取名“四云楼”。

四云楼烤鸡的诱人香味，在滨城大连的老街上已飘荡近百年了。老百姓把“烤鸡”说成“烧鸡”，当年人们上天津街购物时，常常到四云楼买只烧鸡带回去。四云楼烧鸡，已成为老大连人味蕾中长久存留的一种味道，醇厚悠长。

时光回溯到上世纪 20 年代初，山东潍坊的四个年轻人闯关东来到大连打工挣钱。不久，他们感到打工挣不了大钱，生活很不稳定，必须靠技艺方能谋生。这四个人中有一位姓王的，祖传三代以卖烧鸡为生，他也已熟练掌握了烧鸡制作技术。于是，这几个有想法的年轻人便筹划开一家烧鸡铺。资金不足，他们就先在小岗子（今西岗区）露天市场盖了一间小房，既是生产场所，又是销售门市。

这个烧鸡小店也没挂牌，但刚出炉的烧鸡，香味早已飘向周围街巷，告诉人们这里卖烧鸡。他们制作的烧鸡外焦里嫩，香味诱人，人们争相购买。一传十，十传百，更多的顾客闻风而来，一时间小店生意火爆，烧鸡供不应求。

四个年轻人挣到第一桶金，信心倍增，于是加班加点生产，扩大销量。经过几年的原始积累，以小王为掌柜的烧鸡店有了一定的实力，决定扩大营业。他们把露天市场的小房子卖掉，在小岗子的繁华地带东关街盖起一个门头房，前店后厂，继续卖烧鸡，生意依旧红火。

时间长了，经常来买烧鸡的顾客便建议他们起个店名。这四个年轻人没有文化，就请顾客中相熟的一位老者帮助起一个好店名，要求挺高：一、向当时大连有名的大饭店泰华楼看齐，店名中必须有一个“楼”字；二、创业的四个人都是老板，要把四个人共同拼搏的深意包含在店名之中。

老者深思熟虑，认为这四个年轻人自愿合作，好像天上四朵云彩飘聚在一起，由是取名“四云楼”。此名一出，四个年轻人皆大欢喜，认为起得好。从此，小店有了名字，也有了更高的目标。

当时四云楼虽然规模不大，距离著名大饭店还差得很远，但却是东关街唯一一家门前每天都有顾客排长队的饭店，深受百姓青睐。

古语云：“自助者天助之。”经过长期努力，创办四云楼的四个年轻人都发了，他们雄心勃勃，把所赚的钱集中起来，用于饭店发展。到 40 年代初，四云楼终于得以进入名店集中的天津街，与群英楼、山水楼、泰华楼等比肩而邻。

进驻天津街后，四云楼淘汰原有的土设备，实行机械化生产，烧鸡放在炉架上，炉架自动旋转。烧鸡的选料、调料等由王掌柜亲自掌握，严格保密，其他三人分管进货、营业。雇工在烤制烧鸡过程中都得听王掌柜的，不允许独自操作。作为饭店，四云楼还有一大特点，就是它的门店专卖烧鸡，不卖炒菜和其他食物。

近百年来，四云楼烧鸡香飘滨城，在许多市民心里留下了难以磨灭的印记。天津街改造后，它在胜利桥附近一小巷的门头房继续营业，吸引着不少怀旧的老大连人。

如今的四云楼似乎有些落寞

# 恩祥园

## 大连唯一的老字号民族饭店

进入20世纪60年代后，新中国外交活跃，阿拉伯世界各国领导人、外交官、游客每到大连，必在恩祥园就餐。

恩祥园清真饭店，是大连街上有名的民族饭店，建于 1951 年，店址在中山区天津街西头，至今已有 60 多年，如果算上它的前身，那它的历史就有 90 年了。

大连建市初期，居民中回族同胞不多。随着城市的不断发展，河北、河南、陕西、甘肃、安徽、山东等地的一些回族同胞来连谋生，其中尤以山东的德州、德平，河北的沧州，天津等地的回民占了多数。这些同胞自幼信奉伊斯兰教，生活习惯与汉族人民不同，特别是在饮食方面。

1922 年,大连回族同胞在小岗子（今西岗区北京街）建立了一座清真寺。这个清真寺的第一任阿訇是穆成林，他很关心回民的生活，在清真寺附近开办了一个回民饭店，这就是恩祥园清真饭店的前身。

这个饭店一开始没有店名，仅供回族同胞就餐。回族每年有两大节日，即开斋节和古尔邦节，凡清真寺有重大活动，这个饭店便帮助供应膳食。随着在连回民人数越来越多，回民饭店也就相应地扩大了营业。天长日久，大连的回族人民与其他各族人民相处融洽，有时回民饭店也公开接待其他民族同胞，吸引了许多好奇的市民前来就餐。汉族等民族同胞在回民饭店尝到牛羊肉为主料的菜肴，感到风味独特，制作技艺之高值得学习。口口相传，这家回民饭店在市面上就有了名气。但该店规模不大，且又不在商街闹市，没有引起更大的关注。

新中国成立后，人民政府执行党的民族政策，对少数民族非常尊重，回民的政治地位上升，王宝升被选为西岗各界人民代表会议协商委员会的委员，代表回族人民积极参政议政。当时，回族知名人士穆祥启自北京来连定居，王宝升等人与他合作，由穆祥启出资，将原在清真寺附近的回民饭店迁到中山区天津街,新建一座大型的回民饭店,定名为“恩祥园”。除了“文革”时期外，此名沿用至今，恩祥园成为大连餐饮业中唯一的老字号民族饭店。

恩祥园开业后，穆祥启从北京新聘回族高级厨师，引进回族名菜，面向社会公开营业。其最有名的大菜叫“它似蜜”，俗名“蜜汁羊肉”，据说这是清末慈禧最喜欢的名菜之一。此菜味道鲜香甜腻，甜辣可口，是下饭上品。饭店还为此菜配上一碗用羊骨熬制的羊汤，味浓料足，十分鲜美。由是,恩祥园在天津街一炮而红，顾客盈门。

大连人吃惯了海鲜，对恩祥园中许多名菜如扒牛肉、米粉羊肉、南煎丸子、糖醋金色狮子头等从来没有尝过，一旦吃上了，就有胜过海鲜之感，频频光顾，一时间恩祥园客似云来。恩祥园经理项狱五经营有方，饭店生意发展很快，不到 3 年，成为全市餐饮行业中的佼佼者、排头兵，项经理也被选为市饮食行业协会理事长、市工商联执委。

进入 20 世纪 60 年代，新中国外交活跃，阿拉伯世界各国领导人、外交官、游客每到大连，必在恩祥园就餐。市政府招待外宾，恩祥园被列为指定饭店之一。有一年周恩来总理陪同柬埔寨西哈努克亲王视察大连火车站时，顺便在恩祥园招待亲王一行午餐，恩祥园因此而声名远播。

“文革”时期，恩祥园饭店被红卫兵改名为“民族饭店”，粉碎“四人帮”后饭店恢复原名。天津街改造后，人们一时间找不到恩祥园了。最近，回族同胞王亚河先生响应政府号召，让老字号恩祥园回归天津街，于 2012 年在中山区民生街 17 号正式开业。

新开业的恩祥园，由名厨姜宝模的得力弟子、国家特二级厨师杨明担任厨师总监。新店菜品齐全，恢复了过去老店的好传统。店内装饰一新，有穆斯林风格的礼拜厅。在目前回到天津街的老字号中，恩祥园是一面鲜亮的旗帜。

恩祥园回归天津街

# 大连饭店

## 天津街上的标志性建筑

它如今的气度，就像一位经历过纷繁世事的老人，豁达，大度，不争，却又不容忽视。

在繁华的上海路上，有一座七层的建筑，夏天时，街边的梧桐片片叶子形成了浓荫，透过树叶的间隙，可以看到建筑正门上方的四个镏金大字——大连饭店。遥记当年，这里曾是繁华上海路上的最高层建筑，套用现在的话说，那是曾经的地标，独领风骚好多年。历经90年风雨洗礼，如今的它，丝毫没透出与现代建筑的格格不入，反而另显一番历史的厚重。

当年，做为饭店中的佼佼者，这里曾经举办过许多大型宴会，接待过周恩来、宋庆龄、李济深等国家领导人，肖劲光大将也曾在此下榻。它还是首批“中华餐饮名店”之一，在2002年被市政府列为第一批重点保护建筑。

## ▼历时 6 年兴建，上海路上的地标性建筑

大连饭店，最初曾叫做辽东旅社。在辽东旅社没有建设之前，上海路上的最高层建筑，当属日商天满屋旅社，也叫东方旅社。当年的东方旅社内部装修一流，曾出现过顾客盈门的盛况。但是，到1930年，辽东旅社落成，东方旅社的市内第一高楼的地位就被取代了。

这座建筑的面积10074平方米，设计者是日本新锐一代设计师，大受美国现代主义思潮影响，走了新古典主义的路子，不再严格地把建筑物划分为台基、立柱、屋檐等部分，着重整体形象之美。辽东旅社是一座外形仿佛黑森林蛋糕的新颖豪华建筑，在它揭开面纱呈现在大山通和浪速町转角会合处的那一瞬间，惊艳了整个大连。人们为这座建筑自上而下充满的理性、严谨的现代气息所吸引，驻足而观，叹为观止。

辽东旅社的主人叫山田三平，是个日本人。山田为建造这座大楼，从1924年就开始动工，耗时6年才竣工。

开业之始，大楼租给了广东人开辽东旅社，但不久就因经营不善而歇业。此后，山田邀请大连商人明吉昌入股，将辽东旅社改名为“辽东饭店”。

这位明吉昌是何许人呢？他是当时大连商界的名人，“同昌福”的大掌柜，大连火车站前原“青山饭店”那一排楼的主人。

辽东饭店在1931年12月开业，明吉昌下了一番功夫，到当时的小岗子聘请了有名的鲁菜、连菜、苏扬菜、粤菜、川菜

辽东饭店

厨师，可谓集名菜之大成。他还增设西餐部，以补中餐之不足，饭店仍兼营旅馆，这里有吃有住，成为天津街独树一帜的餐饮名家。于是中国人、日本人、朝鲜人、俄国人等都成了这里的座上宾。

日本投降前，物资紧张，中方饭店原料受限制，员工被抓劳工，导致营业不振，而辽东饭店因有日本背景却未受影响。大连解放后，辽东饭店以敌产被大连政府接管，于1947年更名为“关东饭店”，有关方面利用既有的优势，在此创办了第一家国营旅馆。饭店的一楼改成了关东贸易公司的交易市场，这里为各解放区运送重要物资，做出了巨大贡献。

要说上一句的是，对于辽东饭店早期发展功不可没的明吉昌和山田三平都在新中国成立前就已去世。

## ▼接待来连的民主人士转赴北京

大连饭店在新中国成立前夕，最大的盛事是迎接由香港来连并转往北京的大批民主人士，其中以国民党左派李济深等一行人数为最多。李济深，是在新中国成立后做了中央人民政府副主席的大人物。1948年12月26日凌晨，李济深等民主人士一行悄悄地离开了香港，这是新中国成立前民主人士最多的一批离港秘密北上。除李济深外，还有茅盾夫妇、章乃器、朱蕴山、邓初民、洪深、施复亮、梅龚彬、孙起孟、吴茂孙、李民欣等人，由李嘉仁陪同，连同中共护送人员将近40名。苏联货轮阿尔丹号乘风起航，一路上艰难航行，经过十几个日日夜夜，终于在1949年1月7日安抵辽东半岛，登陆大连港。

驻连苏军领导对李济深一行表示特别欢迎和礼遇，并请他们到苏军司令部做客。李济深一行住宿被安排在全市最大的旅馆关东饭店。中共大连市委隆重为这批民主人士设宴洗尘。

中共中央接到大连方面的报告后，特派李富春、张闻天等领导人专程到连迎接，代表毛主席、周恩来等中央领导对李济深等一行表示欢迎和慰问，并带来了皮衣皮帽、皮靴等御寒物品。李济深等人对住宿，尤其是饭店的内部设施、服务人员的接待质量，表示相当满意。尤其是餐厅制做的菜肴，他们认为在香港也是少见的。李济深一行虽然在辽东饭店只停留了短短3天时间，但对辽东饭店留下了很好的印象。

### 吃住俱佳的“人间天堂”

1950年，辽东饭店也正式改名为大连饭店，是大连最早的国营饭店之一。原设于一楼的关东贸易公司也撤销了。大连饭店迎来了新的发展春天。特别是苏联军管大连的十年，当时天津街的热闹盛况，犹似今日的西安路。国内外来连旅客，都争先恐后地入住大连饭店，尤其以苏联人居多数。他们要住大连最高档次的旅馆，大连饭店是最理想的选择。

旅客在从大连火车站下车，步行不远即可进入有“大连第一街”之称的天津街。这里有许多的有名老字号，如回族饭店恩祥园、红星理发馆、大众摄影社、虹霓电影院、大连文物店、新华书店、外文书店、山水楼饭店、天百大楼、妇女儿童用品门市、芬芳茶庄、四云楼饭店、王麻子锅贴铺、杨家吊炉饼、马家饺子馆、群英楼饭店，还有不少特色服装店、杂货店等。而大连饭店恰好在中间地段，因此游览天津街和选购物品，品尝大连风味小吃，住在大连饭店是客人最方便的选择。

大连饭店为了满足旅客的需求，店内各种设施力求先进和齐备。苏联人在酒足饭饱之余，喜欢跳舞，店内备有精美的舞厅、游乐场、小型电影放映室、乒乓球室、桥牌室……可谓应有尽有。那时的大连饭店服务员都受过语言和专业培训，懂得俄语、日语、英语、法语等多种语言，每个服务员都能熟记市内

大连饭店正门在楼角上

300多个机关、厂矿、企业、学校的单位地址，和电车、轮船、飞机等班次时间，这些人被旅客称之为“大连通”。

### ▼曾3次历经大火

大连饭店是市内一流的旅馆，但在“文革”时期，就因为对外服务一流，也被造反派、红卫兵认定为“资产阶级腐朽生活的安乐窝”，是“滋生修正主义思想与行为的危险地”，为此，必须打倒！

在越演越烈的武斗中，这里成了战斗的决战场。1967年4月3日，惨烈的武斗引发了大火，经历过那个年代的老百姓依旧记得那场大火，大火把天津街上空烧红了，大火过后，饭店的7楼也成了一片断瓦残垣。现在的大连饭店7楼是“文革”后期修复的。据一些史料记载，除了1967年的那场大火，历史上大连饭店还遭受过另外两场大火，一起发生于上世纪40年代，由于后厨油锅溢油发生过火灾；另外一场发生于1991年12月25日晚间，由于筒灯聚热引发吊顶着火，造成了6死18伤的悲剧。

2010年，大连饭店换了新主人，由于对老建筑以及老字号的喜爱，国际贸易（大连）有限公司成为了大连饭店的新主人。

虽然大连饭店早已经失去了大连第一高楼的地位，在市内五星、超五星宾馆层出不穷的中山区，在上海路寸土寸金的繁华地，如今的它算得上略显落寞。但它毕竟经历了近90年的历史，它如今的气度，就像一位经历过纷繁世事的老人，豁达，大度，不争，却不又容忽视。比起年轻一代，它缺少了锐意，但它却是这个城市历史中不能或缺的那一笔。

上海路上的大连饭店

# 海味馆

## 大连第一家国营大饭店

海味馆曾经是大连街上响当当的国营大饭店，培养了大批优秀员工，许多员工至今仍在餐饮界发挥着正能量，影响深远。

大连海味馆是上世纪50年代，从全市各私营海味馆中择其有名者合并而成的大型海味馆，是大连市第一家国营大饭店。90年代因店址动迁，从此一再折腾而消失。不久，一部分老员工又创办了新店——大连海味馆餐饮有限公司，营业也很火爆，但为时不长，今已难觅其踪影。但它的老员工创办的双盛园、天天渔港等名店，至今仍然在全市餐饮业中发挥重要作用。

## ▼大连餐饮业的兴起

餐饮业，是每个城市的基础行业。特别是大连这个城市，在发展过程中外来（流动）人口增长快，大大小小的饭店便应运而生。

大连餐饮业刚兴起时，经营方式很简单，仅是赶集似的盖棚摆摊，之后设店面开办了一些小饭馆小酒楼，逐步兴盛起来。这些饭店大都设备简陋，菜品单一，大多数分布在码头、车站等地，形成了小饭店业群体。

1910年前后，大连人开设的小饭店，主营食品是煎饼、馒头、烧饼、米饭、炒菜等，户数已有400多家。1914年，日本“满铁”指派钟会臣在电气游园（位于今青泥洼桥裕景商城）开办了第一家大型饭店，名为“登瀛阁”。从此，有实力的中国商人接连开设了一些规模较大的饭店，如泰华楼（在今民生街）、群英楼、聚仙楼（在今天津街）、共和楼（在今友好广场）、同福园、王麻子锅贴（在今民生街、天津街）、惠宾楼（在今火车站前）、四云楼、普云楼（在今东关街）、东升园、日新饭店（在今新开路附近）、正阳楼、东亚楼（在今沙河口区）等。与此同时，日商开设的饭店以及露西亚、法兰西等西餐馆也纷纷兴起。

在日本统治时期，大连餐饮业情况复杂，日本人还开设有特殊料理店，从业人员以妇女为主，附设旅馆，允许客人叫“条子”（艺妓、妓女）陪客饮酒、唱歌等。中国商人也办有类似的饭店，还附设大烟馆。这些饭店都是餐饮业的毒瘤。

大连的有名饭店，各有自己的特色菜以吸引顾客。日商山田三平开办的辽东饭庄（今大连饭店中餐部），聘请华人名厨明吉昌为掌灶，特色菜品是纯鲁菜，曾名噪全市。

小岗子（今西岗区）复兴里的杏

乐天饭店、红杏山庄，是培训鲁菜和本地菜厨师的大饭店，市内各饭店之间展开了鲁菜与连菜的竞争。随后，又有粤菜、川菜、苏扬菜、北京宫廷菜等加入，一时热闹非凡。

泰华楼有葱烧海参、烤鸡、清蒸加吉鱼，群英楼、聚仙楼有红烧鱼翅，红杏山庄有熘海蜇皮，四云楼有烧鸡，东升园有羊汤等，可以说是百花齐放，各有千秋。但这都是上世纪30年代的事，40年代太平洋战争爆发后，大连经济恶化，饭店业就盛况不再了。

## ▼私营向国营的过渡

大连解放后，原有的私营饭店在人民政府的大力支持下，先后恢复营业。1946年从延安来的东北文艺工作团，从沈阳来到大连演出，大连各界为欢迎他们，在泰华楼大饭店宴请他们，主要演员如文工团党支部书记韩地（即于兰）和大连人民代表见面。当时的泰华楼是大连各大饭店中最有名气的。

私营饭店在新中国成立后，都受国营经济的领导，又经社会主义改造，也开始发生变化。有的因为内部人事、营业情况、资金、技术力量到1956年公私合营时，有了很大的变动，很多原来的老字号消失了。

大连餐饮业经过公私合营后，逐步向全民所有制过渡，名饭店最终成为国营企业，统归大连饮食服务公司领导。饮食服务公司设在中山广场的西侧（中山区中山路14号），担负全市饮食行业的管理工作，受二商局领导。1958年，公司共有4821名职工、105个饮食网点（国营76个，大集体29个），年营业额为4423万元，利润252万元，平均日客流量10万人次，最高达13万人次，公司固定资产780万元。

当时大连的国营饭店有四大名店，即海味馆、惠宾楼、群英楼、山水楼。其中海味馆的地理优势、资金、设备、技术等都居四大饭店之首。

## ▼海味馆横空出世

大连海味馆创建于1958年5月，原来的店名是“国营青泥洼桥食堂”（又名“国营第四食堂”），坐落于大连火车站前的中山路旁（中山路85号，马路对面是秋林公司），是当时响当当的国营大饭店。

海味馆兼营中西菜系，初建时，仅有职工33名，餐桌20多张，日营业额不足千元，规模并不大。但它所处的地段优势突出，火车站前外来人多，吃饭休息首选就是海味馆，加上有国营金字招牌，意味着价格公正不宰客，因此不仅吸引了大量外来旅客，本市人也都来此消费。当时，在许多市民心中，请客吃饭，海味馆是最理想的大饭店。有了这些因素，海味馆营业火爆成为意料之中的事，饭店的规模、设备、技术力量也相应急剧地扩大和加强，终于成为全市首屈一指的大饭店。

海味馆的菜品以海鲜为主，烹制方法以鲁菜烹调技术为基础，具有大连地方风味特色，其名菜有海味全家福、红烧海参、糖醋黄花鱼、熘鱼片、一鱼三味等。

海味馆营业最鼎盛时期是70年代末到80年代，经营面积扩大到2800平方米，餐桌近百张，平均日接待顾客1万人次。有职工251人，其中40多人有技术职称，包括特级厨师4人、一级厨师4人，还有一级、二级面点师，特级宴会设计师，一级、二级服务技师，一级服务员等。由于工作人员素质较高，海味馆成为我市唯一一家接待外宾的国营饭店。

海味馆的经营特色突出，既有快餐品种，又有中西大餐，二楼餐厅设有舒适的雅座，可为喜庆筵席和小型宴会服务，还设有贵宾室、快餐部、外销部。平常每天营业额为5万元，节假日超过10万元。1985年营业额为313万元，利润23万元，是海味馆的历史最高水平。

那时，海味馆门外排队等座的人经常从饭店门口排出去几十米长，饭店只好派人专门负责维持秩序，为前来排队的顾客登记发号。市内餐饮业有京菜、粤菜、川菜等各种地方风味的饭店，而海味馆纯粹以鲁菜和连菜而有名，大连人大都是山东移民的后代，都愿来海味

青泥洼桥中山路旁，原来的海味馆早已不在

馆一饱口福，因而海味馆的营业不火爆也不可能了。

1991年，海味馆首先在我市推出了海鲜火锅自助餐，饭店外面又重新排起了长队。可为时不长，这个黄金地段的建筑动迁了。海味馆迁至沙河口区的振工街，不久又迁到火车站东侧的渤海明珠大酒店。这样西迁东挪一再折腾，元气大伤，人脉也断了。到2003年年底，海味馆便从人们的视线中消失了。

## ▼老员工集资创办新馆

海味馆消失后不久，2004年9月，海味馆原来的部分职工集资创办了新的海味馆餐饮有限公司（以下简称新馆）。新馆位于长春路49号，是一座集餐饮、娱乐于一体的综合性大酒店。为了保持海味馆老店的特色，新馆聘请了全国有名的烹饪大师戴书经为管理、技术顾问。80多名员工中，超过三分之一来自原来的老店，包括饭店主厨。

老店对菜品讲究选料和精工细作，新馆保持原有传统，老顾客都反映新馆的菜品保持了老店的正宗特色，新来的感到能吃到老海味馆的名菜，心里非常满意，并奔走相告，说老海味馆又复活了。新店在老店传统菜品的基础上，又新引进了粤菜、川菜等几大菜系，推出了铜盘系列、纸锅系列等自创特色菜。做红烧海参，仍然用水发，吃起来有滋有味。新店在保持老店菜品的原汁原味外，又创新了干煸海带丝等菜品。海带是大连特产，价格便宜，营养丰富，千家万户的餐桌上都少不了。新店的干煸海带丝，红黄绿色搭配，让你吃起来别有一种感受。

新店推出的新菜品还有水晶虾片。这虾片比一般的要稍厚一些，可它不是片出来的，而是厨师用小锤轻轻敲打出来的，不仔细看真就看不出门道。这水晶虾片又叫纸锅虾片，这道菜做好后，要用白纸制成的盘子摆放，下面上火，保持温度，可纸锅不燃烧，因为这纸不一般，是特制的。他们的纸锅系列菜品还有鲍汁海参、新鲍㸆大虾、红丁蜇头等。

新店还推出铜盘系列菜品。这铜盘也是特制的，据说用这特制铜盘装菜，对人的身体健康有好处，这样既享受铜盘菜的特殊风味，又增进健康，可谓一举两得。

天下大事常常出人意料。老海味馆在折腾中消失了，新海味馆又怎样了呢？据说它也折腾，由长春路迁到火车站前的长江路转角处，不久又找不到了。是人们没有功夫去找，还是它不愿被人发现?

## ▼双盛园的崛起

虽然海味馆不见了，但还有在海味馆工作过的员工，他们仍然在餐饮业发挥着自己的正能量，有的甚至创办了大饭店，规模远远超过当年的海味馆。一是双盛园大饭店，一是天天渔港大饭店，在本市有很大影响。这也证明了老海味馆在历史上所起的作用和它的深远影响。

双盛园饭店集团董事长黄淑卿（大连人尊称她为黄大妈），出身贫寒，从小跟父母乞讨为生，年轻时在大连纺织厂、麻纺厂当过工人。“文革”时期，她丈夫金振良在市公安总局办公室当科长。1974年6月，一大批军队干部进驻政法机关，家属（统称为军属）被安排在市内各行各业，是优先安置的对象。

这时，黄淑卿沾了丈夫在政法机关工作的光，被分配到全市最大的国营饭店海味馆，当上了服务员。她到了海味馆，好像到了另一个世界。海味馆和她过去工作的麻纺、大纺不一样，一个是商业，一个是工业。在工厂工作有一定的工序，干什么学什么，有固定岗位，操作单一。海味馆的工作有烹调、面案、刀工等等，她感到很新鲜，都喜欢学。她是店务工，又是服务员，只要做好本职工作，可以不分岗位随处学，留心看，可以向厨师学，向面案师傅学，向刀工学，以至学习餐饮的经营管理。可以说她在海味馆无处不学，每一样都学到了手。

海味馆是黄淑卿进入餐饮业的摇篮，是学习餐饮管理和技术的一所大学校。她在家每天做饭是能手，然而到了海味馆一对比，差距太大了。这个差距，成了她学习的动力。她聪明要强，在海味馆学到了不少东西，为她以后自己创办饭店积累了宝贵经验，创造了必要条件。她想把自己学到的东西在社会上学以致用，心中的理想是办一个和海味馆一样的大饭店。

1978年，黄淑卿提前退休，把大女儿金毅送到海味馆接自己的班，没想到金毅也成为自己事业的助手。后来，金毅在北京主持了四家黄淑卿开的饭店。黄淑卿一步一个脚印，脚踏实地，以130元的资金在街头卖焖子起家，挣了钱再开小饭店，小饭店做好了再建大饭店。经过长期拼搏，她以诚信为本，苦心经营，不懈努力，最后发展成在大连、北京、太原、山东等地拥有18个分店和亿万资产的大老板。

黄淑卿的可贵之处，在于富而思源，不忘回报社会。她不贪图个人享受，而是热心公益事业，如收养流浪儿童，资助老人，扶残济困，捐款助学，捐物救灾等，捐助总款项已超千万元。她也被评为“辽宁省十大女杰”之一。她的故事，既平凡又不寻常，也是国营老字号海味馆的故事。

# 苏扬饭店

## 众小馆集合成大家

上世纪20年代，大连小岗子露天市场出现了一批苏扬风味的小饭馆，如“小苏州”“小扬州”“小上海”什么的，是为日后苏扬饭店的起源。

苏扬饭店是大连有名的老字号。一般人可能会认为此店菜肴局限于江苏苏州、扬州两地的特色菜，但实际上，它还经营浙江宁波、绍兴、嘉兴，以及安徽东部、上海等地的风味美食。光顾苏扬饭店的常客，大部分是苏浙皖沪籍人士。

大连人吃惯了连菜、鲁菜，也接触了川菜、粤菜，一旦吃上苏扬菜，顿觉别有风味。苏扬风味可谓集华东名菜之大成，具有中国南北菜系特点，又独树一帜，适应性比较强，因而能在大连站稳脚跟，逐步发展，形成今日的良好局面。

苏扬饭店在大连的起步可谓艰难曲折。在上世纪20年代，有一批来自江苏及上海地区的打工者，在大连感到依靠出苦力挣不到钱，其中一些人有做家乡菜的技能，便集资在小岗子露天市场设摊，出售苏扬风味的客饭。一开始仅能吸引在连家乡人光顾，但生意还不错。不久它又引起大连本地人的好奇，大连人知道苏州、扬州是历史名城，上海是大都市，但对这些地方有什么名菜，以前几无所知，待发现了苏扬风味食摊，便要去尝个鲜。随着顾客增多，需求增加，市场里出现了一批苏扬风味的小饭馆，如“小苏州”“小扬州”“小上海”什么的。

一时间，接踵而来的食客出入于这些规模不大的苏扬饭馆，许多逛露天市场的人选择到这里大快朵颐。别有风味、质优价廉的苏扬菜获得人们的交口称誉，“五味肉丝”“芙蓉虾仁”“糖醋黄花鱼”等菜品为大家所熟知。饭馆生意红火起来了，一些经营者又在新开路、大龙街等处创建有一定规模的饭店，名称中去掉了“小”字，改为“苏州饭店”“扬州饭店”“淮安饭店”等，顾客以富人为主。这些饭店竞争激烈，纷纷从家乡请来名厨助阵。由是苏扬菜在大连美食界有了一定的地位和相当数量的基本顾客。

1945年大连解放后，露天市场更名为博爱市场，原在场内的苏扬风味饭店照常营业。50年代初，各私营饭店在国营经济领导下，走上社会主义道路。1956年全市各行业公私合营，原经营苏扬风味的各饭店进行合并，归市饮食公司统一领导。1962年，市饮食公司为满足社会各界要求，决定成立苏扬饭店。

新的苏扬饭店成立后，对原来饭店

中的厨师和管理人员加强培训，摩拳擦掌，要在中山区最繁华的街区天津街站住脚，与群英楼、山水楼等众多老字号饭店展开竞争。

当时，苏扬饭店新增加了“苏扬大烤”“浮油里脊”等100多种风味菜肴，生意火爆。不久，苏扬饭店的美味传到棒棰岛宾馆，有人知道周总理老家是江苏淮安，便把苏扬饭店的菜品推荐给总理，获得肯定。于是苏扬美味名气大增，饭店一度出现顾客排队等座的现象，成为天津街上五大亮点之一。

天津街改造后，此店迁到香炉礁花鸟鱼市场内。2005年5月，经该店原掌灶人周广文多方努力，饭店重新振兴起来，恢复和新增名菜及特色小笼包，生意出奇好。2011年10月24日，为响应“老字号回归天津街”的号召，在民生街与天津街交会处的悦泰街里，苏扬饭店重新开业。

天津街上的苏扬饭店

# 糯米香

## 甜了大连人的嘴

甜蜜的小情侣逛街累了，来份炸元宵；冬日寒冷时，来碗红豆粥；喜庆的节日，点份年糕，取个好意头……这些甜甜蜜蜜的黏食，早已融合了寻常百姓的人生百味。

“糯米香”是大连有名的黏食店，已有70多年的历史，迄今生意仍然红火。糯米香最有名的小吃当属红豆粥、年糕和炸元宵，在百度上一搜“大连糯米香”几个字，一串的美食照片让你口水流不止。糯米香的麻球、粽子、京三样、驴打滚、馍吉、黏豆包等几十种小吃，都各具特色。

大连糯米香是有70多年历史的老字号，以甜食著称。甜蜜的小情侣逛街累了，来份炸元宵；冬日寒冷时，来碗红豆粥；喜庆的节日，点份年糕，取个好意头……这些甜甜蜜蜜的黏食，早已融合了寻常百姓的人生百味。

## ▼老初的街头小吃走红大连

糯米香原是山东登州府一带货郎担上的街头小吃，上世纪二三十年代，由“闯关东”的山东移民带到了大连。他们先在小岗子落脚，租房住下，为了生存，在家中手磨米粉制作年糕、元宵等，在热闹的露天市场摆摊出售，没想到这些手工制作黏食，大受欢迎，销路也很好。

这些人制作的黏食，质量也有高低，其中有一位从登州府来的姓初的人，手艺精湛，做出的年糕、元宵等物美价廉，初师傅为人很厚道，时间长了，大家都亲热地叫他老初，都喜欢吃他的黏食。

在小岗子出售黏食的山东人，因买卖做不过老初，都改行了，于是老初逐渐一统黏食市场，赚了一些钱。他把自家磨粉作坊扩大为手工作坊，雇佣了伙计。不久，老初离开了露天市场，在东关街市场繁华地段开设了门市。

老初有了手工作坊，又有了固定的店面，买卖越做越兴旺，名气也越来越大，不仅小岗子的老百姓来光顾，连住在东大连的人也慕名前来。老初的门市一开始没有店名，有一位文化人和他成了朋友，问老初叫啥名字。老初说在家排行老大，没有名字。于是这位朋友给他起了一个名字叫初本善，取义自“人之初，性本善”。

老初有了名字很高兴，而开设的门市也相应得有个店名，这位朋友就给起了“糯米香”的店名。这个店名既贴切，又响亮。

老初有了钱，便扩大再生产，店面一再扩大，生意越来越红火，成为全市有名的风味小吃。当小岗子一些饭店逐步向东大连的常盘桥（今青泥洼桥）、浪速町（今天津街）商业繁华地区迁移时，“糯米香”也跟着迁往东大连，进一步扩大营业。

## ▼“糯米香”香飘全市

新中国成立后，私营企业得到进一步的发展，又经过社会主义改造，进入公私合营时期。“糯米香”也不例外，逐步向全民所有制的国营企业过渡。糯米香实行国营后，在天津街入口处的九洲饭店楼下开设了一个外卖窗口，从早到晚，顾客络绎不绝，一般要排半个小时的队才能买到糯米香的黏食。

由于“糯米香”所处的地段，既是繁华的天津街入口处，又是紧邻大连火车站，每天这里南来北往的人很多。外地人看到市民排队买“糯米香”的食品，甚感惊异，于是也纷纷购买，一尝果然名不虚传。

进入80年代，“糯米香”把店址迁到了附近的友好广场。那时，这里新盖起了两座名为“姊妹楼”（大连港职工宿舍）的建筑，是当时大连数一数二的高楼。“糯米香”新店就在其楼下，店面焕然一新，门口每天排队的顾客有增无减，越来越多，产品大有供不应求之势。

“糯米香”经过半个世纪的拼搏，由地摊逐步发展成为大连有名的老字号。创始人老初教子有方，他的儿孙辈都很争气，把老初的精湛手艺、制作方法全部继承下来，并且适应时代要求，把企业进一步做大。

上世纪90年代末，“糯米香”想重回老天津街，但天津街正在改造，于是暂时先在火车站站前西侧的长江路上设一门市，营业面积不大，但生意依然红火。

## ▼年糕的故事

“糯米香”的加工厂与一般企业不同，它的车间里听不到机器的轰鸣声，也没有生产传送带，主要还是手工作业。这并不是它不求进步，与时代脱节，而是因为它的产品具有特殊性，如果用现代化的机器生产制作年糕和元宵的米粉，味道就大不一样了。

“糯米香”生产的水磨粉，是它的主要特色。初家人知道，用人工磨粉既费时，又加重成本负担。但为了保持产品特色，用人力磨粉是绝对必需的。老初曾一再告诫他的徒弟们：“不要贪省力，每一道工序都得下力气，要精心细作。”也因此，人工磨出来的水磨粉做出来的年糕，才能有滋有味，才能历久不衰。

糯米香是以年糕起家的，各种产品中仍然是以年糕作为头牌，尤其是人们过年节供祭祖用的“福寿糕”。它四四方方，还扎着十字花的细绳，勾起了人们的怀旧思祖之情。还有“双鱼报喜”“金砖”“五花糕”等种类，也很有名。每逢年节，很多顾客来买年糕，时常一糕难求，因为糯米香坚持人工制作，而且制作过程精细繁琐，很难大量供应年糕。

糯米香的年糕好吃还有一个重要原因是重视选择原料，一定要选当年出产的上品，真可谓是严字当头。如糯米一定要选黑龙江五常生产的珍珠米，不仅颗粒饱满、圆润晶莹，而且在米粒中，还要有一个不透明的黄蕊，据说这是最上乘的珍珠米的标志。

还有年糕的馅儿，一定要选优质的东北红小豆，俗名“大红袍”，抓一把在手里就能感到沉甸甸的，外观非常齐整鲜亮。内里含沙量更高，制成年糕馅儿就成了“豆中有沙，沙中有豆”，绵绵密密，甜而不腻。

此外，在制作加工前，也要求细致入微，一丝不苟。如珍珠米在加工前要用水浸泡，冬天不少于24小时，夏天不少于8小时。然后才能用传统的小磨，仔细碾磨成柔滑细腻的浆粉。这样制作出来的年糕，才会口感筋道，又糯又黏不粘牙，又香又甜。

为了解决产品供应不足这个问题，店里增加人力，每逢年节加班加点制作年糕。可就是这样，顾客排队抢购也是难以避免的。

门脸不大，名声不小

## ▼炸元宵是一门高难度的技术

糯米香的招牌产品还有炸元宵。这炸元宵是一门高难度的绝活，外观是色泽金黄，口感是外脆里嫩，甜甜蜜蜜化到口里。别小看这道点心，要做得恰到好处，实在是很不容易。因为传统的什锦元宵含糖量多，油炸遇热后，里面的糖浆熔化使气体膨胀。一不小心，糖汁从里面突然挤喷而出，会伤害操作者的眼睛及脸面。而糯米香的炸元宵却是完整的，圆圆的。这是因为这里的师傅，一般是侧着身子炸，还要不停地拍打，将气体从元宵里面拍出来。拍的功夫也得掌握力度，轻了拍不出来，重了元宵会变形，因而这拍的功夫是要下苦功练出来的。

几十年过去了，“糯米香”买卖一直很好。如今天津街老字号一条街重新开街，很多有名的老字号都争先回来，“糯米香”也不例外，重回天津街。

记忆中的古城风味

20世纪上半期，金州城里曾有几个很有名的小吃，长久地留在金州人的记忆里。

金州古城始建于辽代，金、元时期的金州一直是辽东半岛南部的政治、经济、文化和军事中心，有“辽南雄镇”之称，同时，也是辽南餐饮菜品的发祥地之一。

金州菜已有两千多年悠久历史，烹饪技法有蒸、煮、烧、炸、炒、煎、焖、煨、熬、熏、卤、腌、熘、涮、爆、汆等。

历史上金州菜的官厨特色比较明显。金州官厨的出现始于金代末年，当时大连只是金州府（相当于今天的地级市）所辖的一个小渔村。到了清朝，金州府的官员一般都有官厨，一些特色菜品由此产生，并流传到了民间，形成一些特色小吃。

清朝中期，由于灾荒降临胶东时间较长，出现了大批移民，号称“闯关东”，来到辽南落户，也带来了山东鲁菜。金州本地菜与鲁菜相融合，使金州菜驰名省内外，成为辽宁一枝独秀的菜系，由其形成的民间风味小吃如羊汤、打卤面、驴肉包、鱼肉面、大炒面、小炒面、驴煎包等享有盛誉。

20世纪上半期，金州城里曾有几个很有名的小吃，长久地留在金州人的记忆里。

## ▼徐家驴肉包子

驴肉包的来历始于唐朝薛仁贵征东，河南大批移民来到辽南，将驴肉也引到了金州，正宗的驴肉包由此在金州诞生，其美味经久不衰，远近闻名。

驴肉包是金州名菜，也是当地特有的风味小吃。

上世纪40年代，在金州古城正中心，有一座老爷庙，庙南面的南街拐角处有一家店铺，门前挂着一个长方形的四角纸灯笼，四周写着“真正驴肉包子”6个黑色大字。这就是金州有名的驴肉包子铺。

这家驴肉包子铺的前身，是上世纪初一个董姓商人开的饭馆。饭馆倒闭后，于天吉将其改为驴肉包子铺，不久又兑给了他的伙计徐长荣。金州驴肉包最兴隆的时期，就是在徐长荣经营的20多年间。

别看这家包子铺的里外都很陈旧，客人却不少，每天从早到晚顾客川流不息。特别是晚间，经常有几辆汽车停在门外，那是从大连和其他地区专程前来的吃客。更多的顾客是把没上屉的半成品买回家，由自己蒸熟后款待亲友。金州驴肉包名声在外，据说，全国“驴肉之乡”河北唐山的同行也多次不远千里来金州学艺。

徐长荣的侄子徐延良（当时在这家店中当伙计）说：“驴肉包，当然是以驴肉为主，但只用驴肉做馅，馅就太硬。所以，每10斤驴肉掺入2斤左右猪肉，外加2斤多的小海蛎子，再放进各种小佐料。小蛎子更鲜，合在一起就既鲜又嫩了。热气腾腾的包子，咬开皮，里面是一个带汤的肉丸，汤鲜肉嫩，油而不腻。”

1945年前一个时期，殖民当局实行粮食配给，停供面粉。驴肉包子铺就用其他原料代皮做包子，买卖仍很兴旺。这说明驴肉包的好与不好，是在馅而不在皮。金州光复后，驴肉逐渐短缺，这个买卖也就停了。

## ▼刘豆腐脑

金州光复前，西市场卖豆腐脑的有四五家，其中最有名的是刘豆腐脑。在西市场小吃店集中的东北头，是刘豆腐脑的卖场，只有一个极为简单的棚子和桌椅。每天早晨天还未亮，老刘就把在家做好的豆腐脑挑到市场，挑子的一头是豆腐脑，一头是佐料。在他没到之前，大棚子中等着吃豆腐脑的人已经坐满了。

刘豆腐脑的本名叫刘文荣，因为他做的豆腐脑特别好吃，所以不知道他名字的人就叫他“刘豆腐脑”了。刘文荣在金州经营豆腐脑，是1935年至1947年之间。而1935年之前，金州也有一个叫刘豆腐脑的，是刘文荣的哥哥，也是在这个地方，卖了十几年的豆腐脑。实际上刘豆腐脑的名气，是他的哥哥打下的基础。他哥哥去世后，刘文荣继承了这一行，并保持其特色不变。

刘文荣人品好，心眼实，在经营方法上有自己与众不同的地方。他点的豆腐脑，细嫩而白，恰到好处。他用的佐料也有特色，一种是用海蛎子做的，一种是用鱼类制成，另加白肉丁、碎木耳等，呈琥珀色，鲜美可口。白嫩的豆腐脑，浇上琥珀色半透明的佐料，其色香味俱全。刘文荣身穿白围裙，戴着白手套，很是干净利落，对顾客也很热情周到，年岁大的叫大爷、大叔、爷们儿，年龄相仿的叫哥们儿、兄弟，小一点的叫小朋友、小兄弟，听起来很亲切。

至今，仍有不少老金州人念念不忘当年的“刘豆腐脑”。

## ▼叉子火勺、羊肉包

金州古城南街一个大门洞里，有一家羊肉馆，老板叫李延年。这家馆子是以羊肉为主的炒菜，还有叉子火勺、羊肉包等。美味的羊肉炒菜引来大量顾客，加上服务周到，待客热情，因而生意十分兴旺。叉子火勺，是把火勺做好后放在一个用铁条做的叉子上烤熟的。做法是，面和好后，放入盐、油、佐料，然后放在木头模子里压实，再倒出来烤制。模子里刻有花纹，还放有几粒芝麻。烤好的火勺焦黄酥脆，又软又香。为此，有人送了一副对联：香甜正可口，酥脆不碰牙。这真是名副其实了。

羊肉包很好吃，因为掺进了一部分猪肉馅，所以膻味不大，但又不失羊肉特有的味道。馅中加上一点小蛎子，确实鲜美得很。如果把叉子火勺开半个口，装进两个羊肉包子，吃起来别有一种风味，也可以说是“两全其美”。李延年去世后，其后代因参加社会上其他工作，使李家的手艺未能流传下来。

### ▼李家荞面饸饹

金州古城的西街，有一个大市场，每天早上都开市。有一个人叫李殿金，在市场西南角摆了一个简易摊位，搭了个小棚子，有固定的桌椅。棚子南面是一大锅饸饹条，一大锅以鱼做的佐料（鱼汤）。每天早晨来这里吃饸饹的人不少，可以说座无虚席。每到寒冷的冬天，农村来赶集的乡民们到此吃上一碗热气腾腾、鲜美可口的饸饹，真是舒坦极了。

在金州城，凡是吃过李家饸饹的人，只要有空，一定会到李家吃一碗饸饹。李家的饸饹每天只做一大锅，不到三个小时就卖完，后到的食客只能怅然而返。李殿金在金州卖了20多年饸饹，他的饸饹是用荞面做的，吃起来不软不硬还有咬头，加上佐料鲜美，因此深受顾客欢迎。

李殿金去世后，他的两个儿子继承了他的传统做法，生意依然红红火火。后因荞面难以买到，而失去了特色。1956年公私合营后，改为专业小面馆。

金州古城的风味小吃，有的已失传，但人们还是忘不了，都希望老店新开。

# 天兴福杂货行

## 邵氏兄弟的发家史

1906年，邵家兄弟来大连发展，把“双聚兴”店号改成“天兴福”，不久即成为金州商人在大连商界的代表。

在日本殖民统治大连期间，商人邵尚勤、邵尚俭（亭）兄弟俩，开设“天兴福”商号，因经营有方，不数年在山东、东北三省设有分支店、厂30余处，成为当时大连华商八大富豪之一，一度为金州首富。但邵氏兄弟俩性格不同，结局也大不同。

## “天兴福”一炮打红

早在1848年，金州城中有一规模不大的杂货店——双聚兴，店主邵云福诚信经商，其经营方针也较特别，除薄利多销外，对贫苦市民亦可赊账，到期不还，店主也不追讨，故深得民心。

甲午战争后，因受战事影响，双聚兴营业日趋冷落，甚至难以维持。日俄战争中，日军侵占了金州，到处掠夺，店铺关门，居民闭户。邵云福为一家生计，竟冒险开业。日兵集中前来，见店中有琉璃烟袋嘴，视为珍奇之物，争相购买，以掠来之银锞（俗名小元宝）付账，邵云福由此发了一笔财，双聚兴也得以扩大经营规模。

邵云福生有五子，老百姓说他是“五子登科”。邵云福暴富后不久即病故，店务由四子邵尚勤、五子邵尚俭主持。一开始尚勤主外，尚俭主内，管理钱财账目。

1906年，邵家兄弟来大连发展，把“双聚兴”店号改成“天兴福杂货代理店”。先是独家代销日本东亚烟草公司产品及酒类、食品，邵家兄弟在大连商界初露头角，不久又成为金州本地帮在大连商界的代表人物。

东亚烟草公司鉴于天兴福杂货店为其推销产品做出的贡献，邀请邵尚俭去东京参观访问。邵尚俭受此次访问影响，竟认为日本是世界上最先进的国家，在那时，媚日之心已经种下了萌芽。

## 邵家成为金州首富

1908年，东北各地亟需南方物资商品供应，邵家兄弟去上海等地采购商品贩运到长春销售，再由长春低价购进大豆、粮食运回大连售出，获利甚厚。日本殖民当局为掠夺我国东北大豆资源，以优惠条件吸引商人在大连发展大豆加工业，邵家兄弟便于此时开设了天兴福油坊。当时长春大豆货源丰富，只是火车运输困难，谁能得到车皮，谁就能获得暴利。邵家利用人脉关系获得“满铁”车皮，除供应自有油坊大豆原料外，还兼营大豆贩运、产销业务。因而“天兴福”油坊获利之多，为全市油坊业之首。不数年，“金州邵家”在大连工商界中成为有名大户。

邵家在大连出名后，兄弟俩也成了所谓“绅士”。邵尚勤尊称“邵四爷”，邵尚俭为“邵五爷”。他俩虽是亲兄弟，但性格不同，志趣各异。邵尚勤致富后，安守本分，尤其在与日本人的关系上，立场坚定，保持民族气节，不亢不卑，有事联系，无事远远避开。而邵尚俭则不然，为名利所累，在社会上广交朋友，尤其重视与日本上层拉关系，以提高自己的社会地位。其兄邵尚勤一再劝他勿与日方接近，而邵尚俭不听。

邵家兄弟在政治立场上有分歧，而在业务上则配合得很好。凭着巨大的财力，他们向南往山东半岛进军，在青岛、烟台、黄县等处开设面粉厂；向北往东北内地拓展，在哈尔滨开设工厂，收购肇东县大片荒地5000亩，广招农民种植大豆、小麦，在哈尔滨工厂加工。随后又在长春、辽源、四平等地广设粮站、油坊、面粉厂、钱庄、精米所、制革厂、杂货代理店、分销处、医院。在“九一八”事变之前，邵家的企业多达30余处，均以“天兴福”命名。

随着“天兴福”在各地的扩张，邵家财源是滚滚而来。到1925年，邵家的资产已达200余万元。当时大连华商资产在200万以上的富户有八家，首富刘肇亿（包括其侄刘仙洲），二富郭精义，三富安慈民，四富张本政，金州邵家屈居第五。邵尚勤从不在富豪排名上用心思，而邵尚俭认为自己不能落在人后，于是他投向大汉奸张本政，把张本政捧为大连八大家首富，将“金州邵家”列为全市第二大富豪。

## ▼兄弟殊途

1928年，邵家兄弟又在金州老家增设钱庄一处，并大兴土木，建筑华丽阔绰的住宅5处，计有房屋300余间，又建果园两处，大量收购农田土地，还建起了邵氏家庙。他们在大连市内和郊外新建房屋100余间。

邵家五兄弟中其他三位的后代，认为邵家尚勤、尚俭为邵家创业致富，但饮水思源，还是以其父邵云福之家财为基础，因此都要沾光分家。这三房子弟均分现金，而30余处企业则由尚勤、尚俭两兄弟平分。

自从分家后，邵尚勤安守本分，老老实实管理企业，严守民族气节，不与日本人来往，长春、哈尔滨、沈阳、大连、山东各地商会组织一再请他出任首领，他概予拒绝。而邵尚俭则相反，他不仅不拒绝，反而更进一步，要掌握商会实权。

邵尚俭的亲日思想，早在去日本参观时已形成，后来又交了一个叫刘雨田的大汉奸为友，通过刘雨田的介绍，邵尚俭广泛结交日伪军政人员，以满足自己追求名利的欲望。

1920年，日本侵略者为掠夺中国人民的财富，悍然实行“金建制”，为此遭到广大中国商人和居民的坚决反抗。华商商会会长郭精义动员商民罢市并请愿。而邵尚俭为表达对日本统治者一片忠诚，竟以大连油坊业代表名义去东京活动，伪称大连商民拥护“金建制”，请求日本国政府早日实行“金建制”。1922 年,“金建制”风潮平息后，日本殖民当局对他大为赏识，特以所谓“民间人物的代表”委任其为“关东州厅”参事，并使其成为市议会议员。

此后，邵尚俭更加积极为日本侵略者效力，先后被日本人任命为关东州物价委员会委员、满洲银行董事、国民精神总动员关东州中央委员会委员、关东州课税调查委员会委员、日满实业协会副会长、大连经济会副会长等要职达 28 个之多。

邵尚俭对商会会长之位觊觎已久，但因他发迹较晚，仅是一名常任董事，要想当会长，还有很大距离。自郭精义死后，亲日派大汉奸张本政竞选会长，此时邵尚俭已是大连本地帮商户的大头目，张本政是山东帮商户的大头目，邵尚俭与张本政靠近，结成竞选会长的同盟，在日本主子的支持下，张本政、邵尚俭于 1927 年分别担任会长、副会长。张身兼 49 职，无暇处理会务，委托邵尚俭为常务副会长主持会务。从此，邵尚俭成为大连商界的实权派头目。

### ▼“南周北邵”赈灾救民

1940 年，日本殖民当局为表彰邵尚俭推行殖民政策有功，授予邵尚俭六位官阶勋章一枚。邵尚俭竟恬不知耻地遥拜东京,向日本天皇谢恩,并以自己是“日本皇民”而洋洋自得。但当他把这一消息通报给邵氏家族时，立即遭致一片骂声。

四哥邵尚勤一再劝告邵尚俭：“日本是大连人民的敌人，甲午战争杀害同胞 2 万余名，难道你忘了吗？我已明确告知自己的儿女，谁要是向日本人卖身求荣，谁就不是自家人。人有名利欲望，这是可以理解的。我们分家后，你的财力已大大超过我，你要为名为利也可以，你为什么不为中国同胞做些好事，在中国人中扬名？你应该看看旅顺周家兄弟致富后为贫苦人民捐款赈灾，做了大量好事，受到万民称好。这个名声，流传万代，你为啥不考虑呢？”

原来当旅顺地区发生自然灾害时，周家兄弟买来大批粮食救济贫民百姓，还常年开设粥厂，受到社会一致好评。邵尚俭经其兄劝告后，有所醒悟。1919 年、1920 年、1924 年金县境内遭受自然灾害，各种农作物歉收，邵家兄弟从哈尔滨、甜草岗、长春、四平等地采购苞米、小米、高粱等 97 节车皮，运到金县分发贫民。1944 年大连地区歉收，邵家兄弟又运来 68 车粮食分发贫民。

金州邵家所办企业多达 30 余家，职工人数近万，在邵尚勤的提议下，每到年末为职工多发红利。平时工资也较合理，所以解放后没有发生职工清算斗争。邵家兄弟还在金县办了一所商业学校，贫困子弟入学全部免费。他们还为华商自办的协和实业学校捐赠助学金和奖学金。

邵尚俭在其兄的不断劝告下，亲日行为有所收敛，但他已经上了贼船，很难下决心斩断与日本鬼子的关系。

## ▼结局大不相同

邵家老四邵尚勤 1878 年生，大邵尚俭 3 岁，他为人忠厚，经营天兴福杂货代理店靠的是诚信，将本求利。他体贴职工，每到年末都发给一笔红利。职工平时有特殊困难，他都出资帮助解决。

邵尚勤富裕后，生活仍和早年一样节俭，如同普通平民百姓一样，看不出他是百万富翁。乡亲们有困难，他送钱送物给予帮助。

邵尚勤的最大特点是能看准商机，敢作敢为。仅在政治上也比乃弟邵尚俭看得远，看得准，他认为日本鬼子多行不义必自毙，失败是肯定的。

1945 年日本投降，邵尚勤高兴地迎来了人民的胜利，立即向人民政府靠近。1946 年，国民党对旅大地区实行经济封锁，金州城乡粮食紧缺。他第一个站出来，在人民政府支持下，赴朝鲜购买大批粮食，缓解了全县的粮荒。他主动把个人的多余房屋、土地、果园交给人民政府，为恢复地方工商业带头做贡献。为此，中共金县县委书记陈少景代表金县人民授予他“开明士绅”的荣誉状。邵尚勤家中保存着广大乡民为邵家在日本统治时期赈济灾民所送的“施济功伟”的匾额，他晚年安居金州，常以此自慰。1958 年去世，享年 80 岁。

邵尚俭在政治上走了一条与其兄完全不同的路。1944 年 5 月，日本为了悼念其联合舰队司令官古贺元帅阵亡，在泰东日报社召开座谈会，邵尚俭在会上痛哭流涕，他“要求州人（大连人）160 万人大家一心，多增产，多储蓄，要为古贺元帅和 1 年前殉职的山本元帅报仇决战，特别要求捐献飞机，送往前线，希州民有粉身碎骨，为国（日本）敢斗之精神”。

时隔一年，日本侵略者垮了。自称“日本皇民”的邵尚俭如丧考妣，失魂落魄，立即与张本政组织“中国人会”，后又改称大连市治安维持会，张、邵分任正、副会长，企图以此作政治资本，迎接国民党接收旅大。但他的美梦落空了。大连人民建立了自己的政府，对这个“日本皇民”的罪恶进行清算。1946 年，大连市地方法院接受人民群众的检举，依法将其逮捕，并于 1947 年 1 月，以附敌祸国罪判处其有期徒刑 15 年。除酌留其家属生活费用外，所有财产全部没收。法院又根据民主政府的宽大精神，念其年老体衰及邵家过去有行善之举，准予保外就医。从此，邵尚俭到北京闲居。

在北京时，其追逐名利之性又起，竟与蒋家王朝拉上了关系，成为旅大地区的国大代表，为选举蒋介石当总统效力。想不到蒋家王朝也很快覆灭了，邵尚俭万念俱灰，1950 年在北京忧郁病故。

# 大商与秋林

## 青泥洼百年鸳鸯老店

大连青泥洼桥商业步行街上，最有底蕴的商场当数大商和秋林，这两家商店风雨同地，隔街相伴，相携走过了一个多世纪的旅程。

青泥洼桥的大商与秋林，是一双姐妹，从出生到现在，相依相偎，走过了一个多世纪的旅程。彼时，她们一个叫常盘桥市场，一个叫露西亚商店。虽然一百多年来，店名屡改，人气却始终旺盛。如今的大商已出市跨省经营，成为全国有名的商业企业集团。秋林商店一度叫做“秋林女店”，如今时尚巨头ZARA，将其外墙漆成了白色的标准色，从中山路一过，时尚味尽显。

青泥洼桥商业步行街上，虽然又相继出现了迈凯乐、百年城、新玛特，但是最有底蕴的两家商场依然数大商和秋林，这两家商店风雨同地，隔街相伴，是一对永不分离的百年老店。

## ▼传统端庄的大商

大商的前身：信浓町市场、常盘桥市场、大连市场。

信浓町市场是日本殖民统治时期，大连火车站前到日本桥（今胜利桥）的地段，也是当时大连市区繁华街道的核心，店铺林立，商业繁盛。早在沙俄统治大连期间，因站前商业逐渐发达，就预定在站前的东南侧沿大马路小范围附近，规划建立一个综合性的大商场，后因日俄战争爆发，这项工程就搁置起来。

日本侵占大连后，1905年8月，在沙俄原规划地点，筹建一个以木板简易房（屋顶是镀锌薄板）为主的建筑物，作为综合性的大商场，既经营副食品，又兼容日用百货。因该地区街名是信浓町，故市场亦定名为信浓町市场。

信浓町市场初建时有店铺95家，一年的营业额为40万（日元）左右。每个店铺的出租费最初内部为10元，外部为5元，这在当时是非常低的。因为信浓町市场房屋简陋，所以每逢雷雨大风天气，其屋顶就当当作响，顾客身处其境，与售货人之间的说话都听不清楚。

在信浓町市场租屋营业多年的中国商人，一般每户铺底都在五千元左右。20世纪30年代初，市场内中、日籍营业户数有所增加，具体数字如下：

| 场内部别 | 日商（户） | 华商（户） | 合计（户） |
|---|---|---|---|
| 蔬菜部 | 4 | 19 | 23 |
| 肉类部 | 3 | 8 | 11 |
| 生鸟部 | 0 | 6 | 6 |
| 鱼类部 | 11 | 19 | 30 |
| 食品杂货部 | 15 | 0 | 15 |
| 外廊店铺 | 19 | 0 | 19 |
| 合计 | 52 | 52 | 104 |

30年代中期，因扩建大连火车驿

站新站工程（今大连火车站），信浓町市场搬迁至常盘桥地区（今青泥洼桥地区）。新市场于1936年动工兴建，1938年正式营业，并改名为常盘桥市场，占地面积6570余平方米，经营面积为5855平方米，是日伪时期全市规模最大的综合性商场。场内商户130余户，从业人员近500名，经营业务主要是副食品、日用百货、服装、土杂品等。日商开始占绝对优势，市场管理大权掌握在日本人手中。日平均客流量为27000余人，日均销售额为2万余元（日元）。

常盘桥市场开业后，1939年曾在门口挂有“满人不卖”的大牌子（日本指华人为支那人，伪满政权建立后改称为“满人”），引起中国市民的极大愤慨。后经不断斗争，市场当局不得不摘下这块牌子。后来日商方面还雇用了不少中国人，逐年改变了市场原来的面貌。

1930年的常盘桥（今青泥洼桥）商业区

1945年大连解放，日本商人在场内进行破坏，疯狂掠夺，市场大楼严重受损，满目疮痍。

同年10月，大连市人民政府成立后，对市场进行清理整顿，并更名为“大连市场”，成立了市场管理所，鼓励全市国营、集体、私营商业个体商户到市场营业。一楼先后有天津街消费合作社、公安合作社、电业合作社、中山区消费合作社、国营土产公司和国营农场供销处等单位设立的门市部，主要经营副食品。粮食公司在一楼开设了粮站。一楼后院有几十户私人摊贩，主要经营土杂品、小海产品。地下室是鱼行，是当时大连海产品的批发交易中心。

大连市场二楼有两家国营单位，一是市百货公司门市部，营业面积约占二楼卖场的八分之一，职工近百名；二是市医药公司门市部。其余是几十户的私营小商户，主要经营针纺织品、服装鞋帽、小五金、小百货、小修理等。三楼是金银首饰门市部，市场管理所也在三楼。

大连市场大楼内共有国营、集体、私营商业和商贩150余家，从业人员600余名，年销售额约1000万元左右，是全市最大的多种经济成分共存的新型综合性大市场。

1956年全市私营商业公私合营后，

市场内私商并入国营，大连市场也随之改造成为统一的国营企业，1958年大连市场改称“国营大连市场商店”，下设9个营业部，职工人数800余名。

“文革”期间，受“左”的影响，店名一度改为“太阳升商店”。1982年，正式更名为“大连商场”，简称“大商”，沿用至今。楼层也扩建为四层大楼，下设14个经理部、2个直属商店（南货食品、侨汇）、1个劳动服务公司，四楼增设批发交易大厅。

改革开放30多年来，“大商”的发展是一日千里，分店覆盖东北，拓展华北，挺进中原，拥有大中型店铺100多家，分布在40余个大城市，是闻名全国的商业集团，也是大连市愈老愈飞跃发展的老字号商店。

## ▼时尚优雅的秋林

1898年沙俄强租大连后，即着手建市。达里尼市政府选择站前青泥洼桥地段盖了一座大楼，招募俄籍商人经营日用百货，货物由市政府帮助从俄国本土运来，供应俄方在连人员。中国人如要购买，商店也不拒绝，但因价格高，中国人很少购买，进店参观者多。

这家商店没有正式挂牌，对外称露西亚商店。日俄战争后，日本人接管此店，仍允许俄商经营。不久，日商逐步进入商店，并掌握了商店经营大权。当时主要经营绸缎布匹和百货，但规模分散，销售量不大。很多日商想在这里建立一个综合性百货大公司，终因缺乏资金而未能如愿。

上个世纪20年代中期，日本东京三越株式会社常务室长北田内藏司，率团来连考察，意欲在连发展其企业。日本殖民当局建议三越东京总店对原露西亚商店进行投资改造。因店内日商要价太高，双方谈了好几年未成。直到1930年以后，三越东京总店才同意收购大连露西亚商店的全部财产，正式设立三越株式会社大连支店。投资总额高达300万日元，将原建筑装饰扩建为地下一层，地上五层，占地总面积9570平方米，营业总面积8530平方米。一座大型商城在常盘桥（今青泥洼桥）建成。

1935年春，三越大连支店开始试营业，1936年4月正式营业，经营品种有日用百货、针织物品、服装鞋帽、呢绒绸缎、化妆品等近2000多个。四楼为餐厅，分中餐、西餐，可同时容纳顾客300余人，五楼为新商品展销厅，可供外界新产品展销，这在当时为全市一大特色。主持店务的总经理是北田内藏司，他毕业于东京帝国大学政经科，是经营企业的老手，在他任内，没有发生歧视中国人的“满人不卖”事件，因此营业火爆，中国称它为“三越洋行”。

三越洋行开业不久，遭遇浪速町（今天津街）几久屋洋行（今天百大楼）总经理岸田正次郎的挑战。岸田年轻精明，北田内藏司自感力不能支，急调东京三越总店井上庆吉来连主持店务。井上毕业于东京高知商专，是商场能人。他利用大连三越支店在日本东京、大阪、神户、仙台、札幌、京都等地都有支店，进货渠道方便等优势，与几久屋洋行展开了激烈竞争，1940年总销售额达800余万元，与几久屋打成了平手。

1945年大连解放后，苏联驻军司令部以“日本应归还帝俄时期没收秋林公司财产”的名义，接管三越洋行的全部财产（因原露西亚公司俄商的资金原属秋林公司所有），更名为秋林股份有限公司大连分公司，隶属于哈尔滨秋林公司，简称“秋林公司”。

秋林公司在苏方经营期间，主要供应对象是当时的苏联驻军军官、随军家属及侨居大连的外国人。公司经营高档百货商品，五楼设高级呢绒服装加工厂，四楼有餐厅，地下一层经营食品。同时还设有食品加工厂、配给商店、汽车维修厂、郊区大果园、大农场等。这是秋林公司的黄金时期。

1953年10月，秋林公司正式移交我国，由大连市政府接管，更名为国营大连秋林公司，业务方面与哈尔滨总公司仍有联系。职工总数近300人，其中包括白俄130人。

1966年“文革”开始后，秋林公司改名为“东方红商店”，经营的商品为适应工农兵的需求，由高档降为中低档，1970年9月，又改营大连本地产品。1971年7月1日，设立专卖部经营辽宁省轻工产品，同时兼挂“辽宁丝绸品商店”的牌子。在此期间，东方红商店还管辖大连海味馆、新新照相馆、南货食品商店等单位。1973年这些下属单位分别划归大连市服务公司和太阳升商店（大连市场）接管。

1980年4月，东方红商店改名为大连百货商店，隶属于大连市百货公司。1984年9月2日恢复原秋林公司名称，逐步恢复秋林的经营特色。坚持“立足本市、重点省内、面向全国”的进货方针，以“名、优、新”产品为经营重点，作为秋林营业重振雄风的起步。

1985年，秋林公司委托香港森源泉贸易公司对营业商场进行全面装修，改变了原来圈岛式的营业布局，呈现出便于顾客选购、环境舒适、增大容纳客流量的曲线型新布局，成为当时全市最漂亮、最新颖的商场，不仅吸引了大量市民前来购物，还有许多人纷纷前来参观这一新的商场新景点、新亮点。

近几年来，由于天津街妇女儿童用品商店门市部歇业，为满足全市女同胞购物需要和发挥秋林公司的特有优势，商场又改名为“秋林女店”。

2010年，秋林女店的门牌消失了，原有的商场再次改装，被时尚巨头ZARA占据，白色的油漆彻底覆盖了原来秋林女店的底色。在青泥洼步行街的一头，与大商不过一道之隔，如今的“秋林”与大商相比已经褪去了姐妹的感觉，更像是一个出国留学回来的名媛，带着时尚，带着优雅，与传统端庄的“大商”一起承接新世纪的风雨。

# 天百大楼

## 曾经的辽南第一大商场

天津街在“天百”的带动下，汇集了各行各业的老字号名店，所以大连老百姓说：天百大楼是天津街老字号之王。

上世纪20年代，浪速町是一条默默无闻的普通街道。它附近的奥町（永和街、民康街、上海路、民生路）已经成为热闹的商业街时，浪速町还在沉睡中；几经周折，1933年10月，几久屋百货大连店在浪速町正式开业，这就是后来“天百大楼”的前身；从1937年到1940年，几久屋在原来基础上扩建成四层大楼，营业总面积超过1万平方米，成为辽南地区第一大商场；上世纪50年代初，这个商场定名为天津街百货商店，简称“天百大楼”，从此声名远播全国。

## ▼入驻天津街

在日本对大连实行殖民统治期间，商业完全控制在日商手中，把东大连（今中山区）称为日本商业区，大型商号集中在常盘桥（青泥洼）以西的西通（今友好广场）至大山通（今上海路）、山县通（今人民路）一带，而浪速町（今天津街）直到1933年日商开设了“几久屋洋行”以后，才开始热闹起来。

常盘桥（今青泥洼）是全市的交通、商业中心，常盘桥市场（今大商集团）、三越洋行（今秋林女店）早在上世纪20年代初就是全市有名的大商场，30年代“几久屋”兴起后，才形成鼎足而立的三大商场格局。

从青泥洼以东，日本人统称为东大连（今中山区），但中国人从不买账，仍叫它为“洼口”（原青泥洼出海口），或叫它为“街里”。华商的商会名称，依然是连口公议会。因为日本人要奴役中国人，便强迫中国人接受日本人的生活方式，想让中国人忘掉自己是中国人，首先要学日本话，做买卖更是如此。所以当时有流传很广的“来到青泥洼，要学日本话，吃饭叫咪西，骂人叫叭嘎”的顺口溜。中国人到日本商店买东西，一不小心就会听到“叭嘎”。

## ▼带动商街发展

在上世纪20年代，东大连的商业已经很繁盛。从火车站前向东直到今民生街附近，日商、华商的大商号都集中在这里。其中百货商店尤其多，遍布各条街道。

日商百货店经营日本东京和大阪地区产品，有的还兼营中国苏杭广东产品。华商百货店又名杂货店，货品更齐全，货源来自全国各地。百货店虽多，但规模却不大，这一带还缺少大型的综合百货店。

1933年浪速町（今天津街）商业街

要创办一个大型商店，所需资本最少要百万日元。中国商人中具备这种条件的不是没有，主要是日本殖民当局不能批准。

1930年夏天，日本国会众议员岸田正记来连旅游观光，日商大连商工会议所的头面人物向他反映，如果在浪速町开一家大型百货公司，获利不成问题。

岸田正记的父亲是一位百货业主，在日本大阪市西区开设了名为“几久屋”的百货店，在当地工商界颇有威信。岸田回到大阪后，经过研究考虑，请他父亲主持召开家庭会议，商讨在大连开设分店的提议。在家族的支持下，决定在中国东北的奉天（沈阳）和大连两地开设几久屋支店，集资300万日元，以大连为重点。1932年选择大连市内浪速町114番地（门牌号）筹建几久屋大连支店。

1933年10月，几久屋百货大连店正式开业，法人代表为岸田正记。这就是后来“天百大楼”的前身。

几久屋百货店规模大、备货多，当时中国老百姓习惯地称它为“几久屋洋行”。它经营的商品有：文房、玩具、中国土产、钟表、相机、首饰、音乐电器、家具、室内装饰品、洋品杂货（欧美商品）、妇人用品、化妆品、鞋帽、烟草、药品、果子、洋酒、罐头食品、海产物、干物、精肉、生鱼、野菜、食料、鲜花等等，并附设酒吧、食堂，顾客累了，可以在店内喝杯酒，或者饱餐一顿。

几久屋经营品种不仅用的、穿的什么都有，连副食品也很齐备。在当时大连，人们到街里（东大连）就会直奔浪速町，第一家就是逛几久屋。

几久屋营业的红红火火，引来了浪速町的人流滚滚。几久屋发了，浪速町也出名了。

## 弟弟接任哥哥将几久屋做到辽南第一

1936年，岸田正记就任日本海军参议官，将店务移交给他的胞弟岸田正次郎经营。岸田正次郎出生于日本广岛，他父亲有意培养他成为经营商业的专门人才。在日本早稻田大学毕业后，他又去英国伦敦大学进修商业贸易，回国后任内务省嘱托，不久，转任日本富士电力株式会社企划部主任，是一位精明干练的企业家。

1936年岸田正次郎接

任几久屋总经理后，积极改进业务。首先创设小商品零售部，从分角起价，不厌其烦地为顾客服务。这在当时的大连百货业，特别是大型百货公司，是破例。小商品利润小，有些甚至无利，但成交量大，还能吸引顾客兼买其他商品。几久屋此举受到社会各界的称赞。1939年全年营业额达到了800万元以上，压倒了常盘桥（今青泥洼）的三越洋行（今秋林女店）和常盘桥市场（今大商集团），成为大连首屈一指的大型百货公司。

岸田正次郎不仅在业务上创新，在营业方法上，特别是对待中国顾客方面，也和一般日商不同。一般日商大都歧视中国人，有些紧俏商品不卖给中国人，公开贴出“满支人不卖”的告示，有的还辱骂中国人，引起中国居民的极大反感。岸田正次郎接管店务后，对中日顾客一视同仁。

几久屋获得了巨大利润。从1937年起到1940年，在浪速町兼并了周边房屋，在原来基础上又扩建了4层大楼，并在隔街又兼并了近千平方米房屋，两街间建有骑楼，营业总面积已超过1万平方米，是当时辽南地区第一大商场。

几久屋奉天（沈阳）支店的店址在大和平千代田通，营业额不如大连支店，其任务是帮助大连支店将东北、内蒙古的土特产运到大连。几久屋从日本国内的进货由大阪总店负责。岸田正次郎因经营成绩卓著，日本殖民当局的商贸部门颁给他匾额一方，上题“业绩一统”四字。

浪速町在几久屋洋行的带动下热闹起来，商人们看到了浪速町地段的商机，纷纷在几久屋周围买地建店。日商方面规模较大的有远东商行（妇女儿童用品商店前身）和浪华洋行（振华公司前身），华商方面有欧阳仁莆开设的德泰百货店，任三义开设的远大百货店，王世平等人开设了同福堂、同昌等百货店。经营较早的华商商号协茂盛天合、新昌、天成和远在西岗的百货业元顺兴（店主王者三）、玉成号（店主梁运达）、公合昌（店主张瑞五）等都想方设法挤进浪速町地段（今民生街、普照街、永和街等地）开设小型百货门市。这些小型百货门市颇有特色，就是将中国内地的土特产运到大连，作为自己的主要销售商品。一时之间浪速町成了中外百货的汇集地，人气更旺，几久屋洋行在“一大众小”、众星捧月的形势下，买卖日益红火。

### ▼声名远播全国

就在众多百货商争相在浪速町开设百货商店之际，更有一批聪明的华商在浪速町开设了风味饭店，如有名的群英楼、山水楼、四云楼、王麻子锅贴、杨家吊炉饼、马家饺子馆，各种服务业如浴池、理发社、照相馆、电影院、茶楼等，也一个接一个地进驻浪速町地区。这样，浪速町不仅是百货总汇点，同时也成了百业大全街。

几久屋从创业到太平洋战争爆发前，是它的营业黄金时期，照日本人的说法叫做“景气”时期。1942年后，几久屋的营业就下滑了，浪速町周围的商业买卖也是一落千丈。

1945年大连解放， 1946年人民政府发布命令，废止殖民者所用的各街道路名，改用新名称。东大连地区为中山区，以纪念革命先行者孙中山先生。浪速町改名天津街，几久屋洋行作为敌产被没收，店名改为中华百货公司。不久，因隶属关系，店名更换多次。直到上世纪50年代初，才定名为天津街百货商店，简称“天百大楼”。

从上世纪50年代到60年代，10多年间天百大楼改组了好多次，把副食和餐饮部分移到了对街，内部也装修一新，成为一座现代化的大商场。“天百”之名与天津街连为一体。本地人到市里必去“天百”，外地游客来连，必定直奔“天百”。由此“天百”声名远播，与沈阳的太原街、北京的王府井、上海的南京路齐名，在全国乃至海外传开。

“文革”时期，“天百”店名改为“工农兵商店”。十一届三中全会后，又改为“天百大楼”，其“15条龙”服务理念曾影响全国商业界。

天津街，因在“天百”的带动下，汇集了各行各业老字号名店，所以大连老百姓说：“天百大楼是天津街老字号之王。”

老天百大楼

# 妇女儿童用品商店

## 上世纪 50 年代的商业明星

它的全称是“大连妇女儿童用品门市部”，而在老百姓口中，则被简化为“妇女门市”，此称呼曾一度引起争议。

要想讲述大连妇女儿童用品商店的历史，先要知道殷浚源这个人。殷浚源1911年出生于山东省蓬莱县一个贫苦人家，1932年毕业于蓬莱县立职业学校，同年入蓬莱县天成祥绸缎店当学徒，不久升任店员会计。1936年为求个人发展来到大连，先后在华商瑞康、日商山藤等百货商行当店员。

1945年大连解放后，殷浚源与人合伙开办服装店，因资金有限，没有多大成就。1950年，他会同滨城百货业中年轻的精英分子12人，合资4万余元，在天津街186号开设新兴商店，殷浚源担任副经理。新兴经营项目主要是丝绸、呢绒、裘衣、挂毯、服装、日用百货等，被人们誉为社会主义的新型商店。

新兴商店顾客盈门，营业额猛增，甚至发生顾客排长队购货的现象，殷浚源也成了上世纪50年代初期大连市的商业明星。

新兴商店一炮打响后，经营者深知除了真实减价吸引顾客外，还得在为顾客服务上狠下功夫。首先要货源充足，摸清楚消费对象最需要、最欢迎的商品是什么，这就要做社会调查，信息灵通，切实做到备货对路，而后再和真实减价同步进行。

从1951年到1955年，大连这个城市消费能力最强的是苏联军官及其眷属。为此殷浚源亲自出马，了解这些消费者的生活习惯，有针对性地到商品产地采购适销对路的商品。为满足特殊消费者的需要，新兴商店根据消费者意见，自行设计图样，直接联系工厂进行订单生产，这不仅起到生产者与消费者的桥梁纽带作用，也扩大了商品的销路，吸引了更多的顾客，体现了商店的专业与特色，突出了“人无我有，人有我精”的经营风格。

由于苏联顾客都去新兴商店购物，一时间引起大连老百姓的好奇，市民跟风般地去新兴购物。到了1953年，新兴商店出现排队购货高潮。

1956年全市工商业实行公私合营，新兴商店的资金是36万元。合营后，殷浚源出任新兴商店门市部主任，个人的定股定息为3600元。

## ▼ “妇女门市”因店名而闻名

1956年“七一”前夕，大连市商业部门领导看到苏军、苏侨已基本撤离，全市经济发展也到了一个新阶段，便计划创办一个和新兴商店一样具有专业特色的商店，专卖穿的用的，而且指定是为妇女服务。

上级领导决定派殷浚源等筹办“大连市妇女用品商店门市部”，地址选定天津街208号。殷浚源领命后，以令人称奇的速度筹备就绪，商店在1956年7月1日正式开业。这个商店的资金规模远远超过公私合营的新兴商店，性质为公营，殷浚源出任门市部主任。妇女用品商店门市部开业后，全市妇女争先恐后光临，一时间盛况空前。

当时还出现了一种怪现象。女同志一出门，人家问她去哪，她说：“上天津街妇女门市。”但有人立即阻止说：“妇女哪有门市，这不是对妇女的侮辱吗？！”于是引起社会争议。用全称吧，太长了；用“妇女门市”最省力，也最流行，而且出自女同胞之口，妇女界知名人士也没有出来公开反对，但一些人有意见。越争论，这个商店越有名。有一次外宾参观该店，翻译照翻“妇女门市”，老外也大惊失色：“妇女有门市，什么意思？”翻译如实说明，由此，店名也传到了境外。

### ▼开设男士“避风处”

妇女用品商店出了名，也办得很有特色。它为孕妇、老龄妇女开设休息室，甚至还设置男士休息室，让他们在此“避风”，等候妻子购物完了一起回家，休息室有报纸书刊供客人阅读。有了这等舒服的去处，男士陪购族越来越多。于是商店又扩大休息室面积，增设棋类娱乐服务用品，这在大连和全国都是首创。

妇女用品商店办成了，不久，市商业局领导又让殷浚源再办一个儿童用品商店，派专人到全国采购儿童需要的最新玩具和学习用品。儿童商店建立后，全市其他百货商场所售儿童服务用品加在一起，也赶不上这里的一半，“儿童门市”这一炮又打响了，营业额猛增。和“妇女门市”一样，“儿童门市”每年都超额完成任务。

儿童用品商店还有一个特色，就是每年都举行儿童爬行大赛，不仅孩子的父母会参加，孩子的爷爷奶奶等也来看热闹，因而人气之旺盛无店可及。

1959年，鉴于天津街的客流基本上到天百大楼为止，再向东仅有几家老字号小吃店在支撑场面，商业部门经研究，决定将妇女用品商店和儿童用品商店合并在一起，在天津街与上海路十字路口转角处，也就是上海路8号大连饭店一楼辟出一块地方，创办“大连妇女儿童用品门市部”，仍由殷浚源担任主任。从此，妇女同胞购物更方便了。而人们对新店的简称，仍是“妇女门市”。

两店合并后，营业额与日俱增。殷浚源还经常组织各种购物知识座谈会等活动，让这个天津街上唯一的特色专业商店更具特色。

“妇女门市”春风得意之时，环境

妇女儿童用品商店原址

突变，三年自然灾害来袭，人们生活艰难，无心穿戴，“妇女门市”营业额开始大幅滑坡。

## ▼“文革”时期店名改为“代代红”

1966年“文革”开始后，妇女儿童用品商店门市被造反派接管，主任殷浚源被定为大资本家遭到批斗，罪名是“幻想资本主义复辟，其经营的商店是为资产阶级服务”。殷浚源一再解释投资新兴商店时，资本仅有4000元，以后挣了钱，都买了公债。公私合营后，定息额的资金仅有3600元，每月拿工资过活，够不上大资本家，谈不上幻想资本主义复辟。但造反派不理，下令抄家搜查，结果啥也没有。原来殷浚源家庭生活负责甚重，有七个儿女，夫人是家庭妇女，维持儿女的温饱已不容易，何来万贯家财。

殷浚源被关进牛棚，商店也无法正常营业，造反派还将店名改为“代代红”商店。1968年大连饭店七楼失火，消防人员灭火中，大量积水流到一层，妇女儿童用品商店一片汪洋，损失惨重。

十一届三中全会后，殷浚源冤案得到平反，恢复妇女儿童用品商店门市部主任、经理职务。1982年，71岁的殷浚源还亲率店员去上海、南京、无锡、常州、苏州、扬州等城市看样订货，妇女儿童用品商店门市部重新受到了广大顾客的欢迎，恢复了昔日繁荣。

# 博爱市场

## 大连有名的旧货市场

它的前身是露天市场，是一个特殊形态的大市场，经营五花八门，几乎无所不包。大连解放后，市场走上了正轨，曾给市民购物带来很大方便。

## ▼博爱市场是大连解放后成立的

大连解放初期，西岗的博爱市场是全市有名的旧货大市场。它的前身是位于桥立町（今沈阳路至大同街之间）的露天市场，集新旧商品（以旧商品为主）、餐饮、娱乐（包括评剧、评书、京剧、杂耍）以及大烟馆、赌场、妓院等于一处的大型市场，也是日本侵略者统治下的一个大规模的特殊商场。

这个露天市场原是清朝遗老肃亲王善耆与日本浪人川岛浪速合开的。善耆死后，露天市场由川岛浪速掌控。上世纪30年代末，川岛浪速在其日本主子处的地位大不如前，因此萌生了退居日本的心思。1941年6月7日川岛家派出代表与肃亲王家制定了出售方案。1941年12月7日以总价125万元买与大连商人。买下这个市场的是民族资本家周子扬等人。但周是中国商人，恐怕受日本殖民当局欺压，于是被迫请求大连商会会长张本政顶名担任市场的法人代表。周子扬等将这个市场更名为“乐天公司”，聘请房产商刘凤翔为经理，市场经营仍能维持下来。

1945年大连解放后，人民政府查明乐天公司确为民间资本，与张本政无关，因此没有查封没收它，市场照常营业。由于乐天公司是一个特殊的大型旧货市场，除了遵照政府规定取消烟、赌、娼业外，其他一概维持原有模式经营，生意依然兴旺。1946年，市场进行内部整顿，经营面貌焕然一新，并改名为博爱市场（因原址桥立町改为博爱街而得名）。

博爱市场是一个特殊形态的大商场，为探究其发展历史，有必要介绍一下它的前身。

## ▼博爱市场的前身——原露天市场

大连露天市场的创办人是原清朝政府的遗老肃亲王和日本浪人川岛浪速。肃亲王善耆，是清朝开国时皇太极长子豪格肃亲王第九代嫡系子孙，辛亥革命前任清政府理藩院管理巡抚大臣兼步兵统领、民政部尚书。宣统帝溥仪被迫退位时，他在群臣中率先反对。他联合清朝原禁卫军统领良弼等人组织宗社党，其宗旨是复辟“祖宗社稷”，也就是恢复清王朝。由于良弼被革命党人彭家珍炸死，宗社党无形解体。于是善耆投靠和借用日本军国主义，妄图东山再起。他在日本浪人川岛浪速的策划和帮助下，于1912年2月秘密逃出北京，在秦皇岛乘上日本军舰，至辽东半岛旅顺口上岸。

善耆到达旅顺后，便与日寇互相勾结利用。日寇安排他一家人住在旅顺太阳沟旭川69号，后又迁居到现在名为新华大街9号的一座二层红砖楼房。善耆一心想要复辟清王朝，希望从日寇那里得到援助支持。日寇也利用肃亲王的封建势力，把他作为分裂和侵吞中国的有力工具。

日本浪人川岛浪速与肃亲王关系密切，肃亲王在民政部创立高等巡警学堂时，曾任命川岛浪速为学堂总监，负责清朝政府高级警务人员的培训工作。由此可见肃亲王对川岛浪速信赖之甚。1907年，肃亲王把刚生下来不满周岁的十四格格显玗送给川岛浪速为养女，改名为川岛芳子（即金璧辉），后来成为日本军部特务机关和土肥原手下的有名女间谍。

1917年张勋复辟失败后，肃亲王感到要恢复大清帝国，必须重建宗社党，建立一支精锐武装。他的这个想法，得到日本人的支持。肃亲王组建的武装得到日方秘密装备后，力量仍很单薄，后来在配合各地宗社党残余作战中，先后为各地军阀击败。肃亲王的复辟梦，如肥皂泡一个接一个地破灭，终于一无所成。而且，他从北京王府中带出来的金银财宝，到1918年前后已全部用光，连全家生活所需都一无着落。为了应付燃眉之急，肃亲王筹划在大连市内开办一个商业市场，把它的部分利润作为养活全家和宗社党主要人员所需。

开办商业市场，对肃亲王来说是无本生利，但没有日本主子的撑腰是办不成的。经过川岛浪速的奔走，日本殖民当局考虑到肃亲王这样的人物对日本分裂中国还有利用的可能，于是给予特殊照顾，立即批给他一大块地皮，作为建立市场之用。于是这个闻名一时的大连露天市场就由此诞生了。

1921年日本殖民当局批给肃亲王的空地皮是在桥立町（今西岗大同街与北京街之间），面积12000坪（每坪约3.306平方米）。之前这块空地附近是人烟稀少的小岗子村落，只是在桥立町南头（今市法院后身）有一个场地用木板围住，组成一个小市场，有少数商贩在

善耆（右）与川岛浪速

此设摊营业。露天市场开业后，这个小市场全部拆除，所有商贩全部迁入新的露天市场。

露天市场北边沿着今长江路有轨电车道，南边与今黄河路相连接，是一个狭长地带。它划分为4个区，四周用木板和简易砖房做围墙，场内除少数建筑外，大部分为空地。

一区北沿电车道，向南延伸，有大小建筑22栋，经营业户252户。区内有小街短巷，中间一小街横贯东西，集中了不少中低档饭馆。小街北侧有瀛泉塘、天光大戏院、露天评剧场、冰糕店，南面有大烟馆、典当铺、中药铺、印子钱店、算命卦摊，还有日商经营的避孕器具店、鸦片零售所，以及低级妓院多处。这是一个专为普通市民提供吃喝玩乐服务的场所，也是露天市场最热闹的区域。

一区的特点是烟馆、妓院兴旺，酒馆饭店也多。大烟馆出售之鸦片名曰“福寿膏”，6角起售。福聚楼烟馆有女招待为烟客烧烟，供有钱人享受。还有几家吗啡馆，供穷困的吸毒者扎吗啡、吸白面。到这里来吸毒的，大都是吸毒后失去工作、家道破落的无业游民，以捡破烂乞讨为生。他们衣衫褴褛，腰系草绳，晚上无钱住旅馆，就抢占公共厕所作过夜之地。每遇严寒袭击，厕所附近冻毙之人每日可见。

一区有个集烟、赌、娼于一院的双喜俱乐部，名义上是中国人开办，其实是日本人幕后操纵。二层楼房，分设赌场、烟馆、妓院、洗澡间，门口用大红油漆标明商号，并贴有醒目大字：禁止日本人入内，优待中国人。中国人进入俱乐部被优待后，是易进难出，钱财全被骗光，这是日寇残害中国人民的一个阴谋，手段毒辣。

一区靠电车道边的王宝田卜馆，自称“铁嘴算命”。当时社会上有所谓“穷算命，富烧香”之说，有人越穷越算命，因此这家卜馆顾客如云。一区南边的四合轩是个魔术场，也是演出曲艺节目的杂耍场所。四合轩之南尽是设摊卖大力丸、卖膏药的，江湖卖艺的很多，其中有名王小辫者所卖膏药最为出名。还有个王快手，既卖大力丸又变戏法，其魔术高明，围观者众。一区南门口有小茶炉和小书店，顾客可在此饮茶小憩和购买便宜书刊，还可租书看。

天光大戏院里除演评剧外，也演京剧和电影。它原名三星茶园，业主于1922年建园营业。以长条木凳为座，可容观众六七百人，戏台是伸展式的。刚开始唱“落子戏”，1925年开始放映无声电影。1927年更名“上海大戏院”，1932年又改名为“大连电影院”。1933年起专演评剧，当年著名评剧演员刘翠霞在此演出《大三节烈》等剧，吸引了全市评剧迷。在此期间，一度更名为北平大戏院。1937年更名天光大戏院，也称天光舞台。1945年抗战胜利后，改名天光评剧院。1960年，因房屋失修，拆除后改建成为今日之长江路小学。

一区内的文艺场所，还有岐山小舞台、文明书院、聚魁茶园等多处。岐山小舞台是1923年由岐山戏社班主孙凤鸣所建，以泥石筑基，木板做墙，油毡纸涂上沥青做房盖。正厅设池座，放置八仙桌及方凳，两侧为边座，摆放长条凳，可容观众五六百人。1927年改为大烟馆。文明书馆主要是鼓书艺人演唱之所，1926年山东大鼓梨花派艺人张监令等曾在此演出。

市场中间靠北地带为第二区，市场办公室设在这里，并有医院1所，有大小建筑22栋，业户290户。二区是卖旧货的地方，以经营估衣、化妆品和旧货为主，所卖旧货有器具、西服、皮鞋、钟表等，此外也有说评书、唱鼓词、拉洋片、演双簧、演驴皮影、说相声、占卜测字、杂耍卖艺、卖膏药大力丸的。二区有一个专门兜售化妆品的商贩，假借京剧名角梅兰芳的盛名，挂上梅兰芳的招牌，一面叫卖，一面表演京剧中坤角的各种动作，引起顾客的围观，然后向顾客推销他的化妆品。

这里还有赌博场所，很多人参加赌局后倾家荡产，但赌场依然人山人海，热闹兴旺。可以说，赌场是二区的一大特色。日寇表面上严禁在市内任何场所聚赌，而这个露天市场却公开聚赌，这是因为得到了日寇的暗地支持。有时警察来此查赌，也只是走走过场而已，事实上，赌场老板和警察沆瀣一气。赌局就是个大骗局，参赌者没有一个不输得精光的，因此二区内典当铺很多，有些人把钱输光了，就把衣服脱下送进当铺，得款后再去赌博，最后沦为一贫如洗之乞丐，混在市场内乞讨偷窃度日。由此，露天市场因卖旧货获得不光彩的“破烂市场”称号后，又被人们加上一个难听的称呼“小偷市场”。露天市场一些小巷卫生极差，到处污泥浊水，散发着难闻的臭气。这是在日寇殖民政策压榨下，中国下层市民生活的一个缩影。

市场中间靠南地段为第三区，有建筑19栋，大都是简易房，有业户270户。这里也是旧货卖场，出售古旧衣服、布类以及日本人用过的生活用品和炊事用具、洋炉、烟筒、碗碟、陶器、衣箱、衣橱、煤气用具等，还开设有低档的小旅馆。因为这里的商品大部分是家庭生活所需之物，全是旧货，价格便宜，品种也多，“破烂市场”之名由此而得。

三区内所售货品不仅价廉质次，还有不少伪劣商品，有的假充古董文物坑害顾客。其中真真假假，也无人去鉴定，买卖双方自愿成交。此外三区还有很多小旅馆、小饭馆、成衣铺和洋铁铺等便利市民的商号。

市场的最南端是第四区，区内除了简易木板房外，大部分是空地。区内设有修建房屋业、出租空地和受理寄存货物的仓储业务。区内也有出摊商贩，难见固定商铺。所售商品都是旧五金、陶器、木材、建材、破烂杂货等，成为废旧物品收藏和销售的集中点。

大连露天市场既是娱乐场所，也是生活用品的卖场，因此、每天的客流量很大，难以估计。由于它的名声越来越大，一些有钱人虽不在这里购买用品，但也时常去逛一逛看一看。在露天市场内，有部分建筑里居住着与市场关系不大的居民，还设立了小学校、医院等设施。

## ▼博爱市场演变成旧货市场

上世纪40年代初，中国商人收购露天市场后，改名乐天公司。1945年大连解放，乐天公司继续营业，但社会毒瘤如烟赌娼等被取消。1946年更名博爱市场，市场走上了正轨，给大连市民购物带来了很大方便。

博爱市场为什么兴旺？一是日伪仓库中流散出来的大批物资的经营活动为博爱市场收纳，市场营业由零售扩展到批发；二是日本侨民分批回国，家用物品带不回去的，都处理给了博爱市场。大连日侨人数很多，有几十万人，卖给博爱市场的物品（老百姓称其为“荒货”）大量涌入，市场一时也容纳不了，便以低价卖给中国摊贩，由他们带到全市街头巷尾零售。当时，市郊农村及附近地区的民众闻讯也争先恐后地来到博爱市场看货和购买，博爱市场的名声越来越大，营业达到前所未有的高潮。

到1948年，全市私营工商业迅速恢复和发展，人民生活水平普遍提高，一般都买新产品。而博爱市场原来收购日伪仓库流散物资已经结束，日侨的荒货也逐渐卖完，后续收进的旧货质量不高，不好卖了。因此，市场的营业额大幅下滑，原来的投资者无法经营下去，将房产、设备、货物陆续出售，或出租给零售业户经营。从此，博爱市场不再兴旺。

1949年，博爱市场因无统一经营和管理，所售货物档次越来越差，一般都是老百姓家中无用的东西。因而社会上把博爱市场叫做“破烂市场”，“不爱市场”。场内经营者处境困难，旧物交易日渐减少。一些经营者先后歇业，只剩下了一些小饭馆、小吃店（地方风味为主）、小茶馆（兼说评书）等以维持残局。整个大市场冷冷清清，人气没有了。

新中国成立后，全市公营企业（国营）大量开业，消费合作社（大集体企业）也纷纷成立。特别是在福兴里大同街新成立了中华市场，经营商品物美价廉。周边大小饭店应运而生，售价不高于博爱市场，附近还有大型电影院等娱乐场所，在市场街、大同街地区形成一个闹市。在这种情况下，博爱市场内的饭馆、茶馆等，人们真正“不爱”了，原有的顾客都转到福兴里的中华市场和市场街的西岗市场。

1952年后，博爱市场整个情况开始演变，原有业户纷纷转业。该地区沿北京街至大同街，横跨长江路南北的沿街马路边沿摆满了旧货摊，每天早晨出摊上午10时后收摊。居民可以到该地区随意选购物品。这个旧货市场存在包括书籍、家具和一切日用物品，时间长达30年之久。有段时间，周一至周六，因职工上班，无人前去购物，这个自发演变成的旧货市场，就改为每星期日开一个整天。

进入80年代后，西岗区又在大同街盖了一座新的大院，名称正式定为“旧物市场”，内设正式摊位，除衣物日用品外，兼营家用电器、五金以及机械用件等。西岗旧物市场成立后，原来在市场周边马路摆地摊者日益减少，但仍有不少。

上世纪90年代后，人民政府考虑把旧物市场扩大，在香炉礁立交桥旁盖了一座大楼，名为大连市旧货市场。场内有成百的摊位，场外有大片空地，成为一处新的露天市场。此后经过不断整顿，大连旧货市场仍在，而沿各马路摆摊的商贩则越聚越多，地段也相应扩大。虽然不是昔日的博爱市场的再现，但一些老大连人到这里逛一逛，常常回忆起过去博爱市场那些往事。

# 大菜市

## 大连人的菜篮子

大菜市的兴起和发展，影响了许多人，也成就了许多人。那些从深夜就在这里开始一天辛勤劳作的人们，也成就了这个大连有名的老牌市场。

提起大菜市，大连人很少有不知道的，很多市民的日常生活都离不开这个综合性的批发兼零售市场。各个街道、社区的小菜场、小店铺、小摊贩，几乎每天都要到大菜市进货，甚至退休在家的老年人也不怕路远车挤，经常去大菜市买菜，就是因为这里的菜价便宜，扣除来回车费，还是合算的。

大菜市的兴起、发展和滞后，影响了许多人，也成就了许多人。那些从深夜就在这里开始一天辛勤劳作的人们，也成就了这个大连有名的老牌市场。现在，让我们看看它是如何走过百年风雨历程的。

## 日本殖民统治时期的大菜市

在百年前，沙俄强租大连后，开港筑路建城的时候，居民的吃菜问题也提到了市政的议事日程。最初，市郊农民将自产蔬菜用马车、人力板车运进城里销售。殖民当局从市容和卫生等方面考虑，制定了统一销售、集中管理的计划，由于日俄战争的爆发，这项计划也就停止了。

日俄战争后，日本人侵占了大连。1905年，在小岗子（今西岗区）北部一个小桥处建立了中央蔬菜水果批发市场。第一次世界大战后，这个市场改名为大连青果统制株式会社，中国老百姓叫它大菜市，因为这里有一座桥，又叫它菜市桥。不过，后来这座桥在建路时被拆除了。

当时，大连青果统制株式会社专营蔬菜和水果，场内有50多家批发商，其中较大的商号有同昌源、大和号、同茂盛、大聚福等。批发商除了在本市、东北和山东等地组织货源外，还从日本购进洋葱、土豆、白大根、萝卜，从台湾购进黄瓜，后来又发展到从南方购进各种细菜和水果。进货除供给本市外，大部分销售到东北和内蒙古部分地区，使大连成为东北外进蔬菜水果中心。

30年代后，在经营蔬菜水果的基础上，又增加了生肉、海鲜鱼类、家禽、蛋类以及干海鲜和各种调味品、副食品等的批发和零售，形成了一个综合性的蔬菜副食批发零售市场。

有精明的经营者，看出人们前来市场购买各种副食品后，余兴未尽，好像还缺点什么。原来，除了吃的，市场里还缺些穿的、用的等人们生活中不可缺少的日用百货。需求决定供给，因此在菜市场周围又出现了百货和服务业态，如土杂用品店、服装店、绸布店、裁缝店、棉花棉被店、小饭铺、小酒店、小旅店、浴池等，规模不大但经营品种非常全，价格较便宜，适应市民需要，因而生意红火。

## ▼解放后的大菜市

1945年大连解放后，大菜市主权回到人民手中，成立了国营蔬菜公司，经营蔬菜收购、批发、外采、外销、调拨、贮藏等业务，下设蔬菜购销部、蔬菜采购拨批站、干调副食采购批发站、食盐批发部、旅顺口区蔬菜公司、运输车队等。

解放后，大连蔬菜行业的发展大致分为以下几个阶段：

一、1955年前，特别是解放初期，蔬菜自由种植和购销。农民生产的蔬菜一部分自销，大部分通过蔬菜批发市场交易。市里有3处批发市场，即香炉礁、中山公园和菜果大院。除国营和市联社的批发部外，还有30多户私营批发商参与经营，规模较大的有龙丰行、龙泰行、三和顺、复生行等。批发商既采购当地菜果，也从山东、河北、天津等地进货。

二、1956年至1959年，市蔬菜公司已成立，蔬菜生产由初级生产社和个体菜农根据国家下达的计划自由种植，实行多种经营。市内经营蔬菜的国营零售门市有100多个，私营店铺和流动商贩有1000多个。在全市十大市场（岭前、民寿、春海、大商、中华、西岗、民勇、小侯家沟、香炉礁、甘井子商场）内，有国营店，也有私营店，交易比较活跃。国营蔬菜公司按计划统一安排蔬菜生产和批发供应。

1957年，大连市政府确定了蔬菜批发和零售的差价率，果菜为18%，叶菜为22%，这一规定一直执行到改革开放初期的1984年。

1958年大跃进时期，蔬菜产销工作出现了大冒进，造成了不少损失。普遍实行“三包”（包产，包销，包价格）“六就”（就地生产、收购、包装、检斤、检质、发运），损耗率一般在30%左右，影响了城市供应。

三、1960年至1979年，统购包销时期。1960年蔬菜供应非常紧张，产销不足，被迫实行统购包销、超产超收政策。各县区农村供销社负责组织蔬菜收购，由于粮食供应紧张，蔬菜需要量大，采取了生产什么、收购什么，生产多少、收购多少的政策。扩大了蔬菜种植面积，对城市居民实行计划供应，基本上保证了群众生活需要。

“文革”期间，批判了郊区农业生产“以菜为纲”的方针，大砍菜田，蔬菜淡旺矛盾突出，市场供应不稳。

## ▼改革开放后的大菜市

党的十一届三中全会后，确定了近郊农业“以菜为主”的方针，一个时期内蔬菜经营形式由统购包销改为“大管小活”。对包购的品种，实行计划种植、计划上市、计划价格、超产超收，其他全部放开，议购议销，随行就市。

蔬菜经营全部放开，国营、集体、个体一起上，出现了多渠道、少环节、开放式的流通网络，既发挥了国营商业的主导作用，又使蔬菜市场更趋活跃。

1985年以后，蔬菜外购数量不断增加，采购地区也不断扩大，由山东、上海、江苏等地延伸到广东、广西、四川等20多个省区。进入90年代后，由于改革不断深化，市场经济蓬勃发展，大菜市也发生了很大变化，旧房逐步拆除，代之以新型的综合性商业大楼，经营业户增加，呈现出一片繁荣景象。

每天凌晨，当很多人还在梦乡里时，大菜市已经热闹起来。从凌晨3时开始，一辆辆运菜车向这里疾驰。在路灯光的衬托下，依稀可见商贩们裹着大衣的身影在市场进进出出。刚从滚装船上下来的山东运菜车，还有从其他地方进城的菜车，有序地进入场内。有固定摊位的业主开箱摆放，做好售货前的准备工作。

市场内的小餐馆灯火通明，冒着热气的稀粥和包子、小菜端上桌，不少跑夜车的司机、货主在这里填饱肚子。到了四五点钟，来拿货的各路小贩们陆续进场，手推车、三轮车、小货车，人流滚滚，车流不断，叫卖声此起彼伏，市场一片沸腾。

在这里经营的业主是很辛苦的，竞争也非常激烈。买卖小的一切都得自己干，买卖大些的可以雇工，老板则腾出手来寻找货源。在这里营业，不吃苦是站不住脚的。在这里经营蔬菜瓜果和海鲜水产的业主，要从半夜开始一直干到上午，10点以后才轻松起来。至于在大楼里卖杂货和服装的业主，就不用这么紧张。

在每天的交易中，业主们要有预见性，不能卖一天算一天，要审时度势，根据市场变化和顾客需求，决定到何处上货，最好自己要有货车。有位姓陈的业主，认为南方的鲜椒用火车运来，待节后上市肯定赚钱。谁知节日前后，外地货主运来大批鲜椒，其批发价要比他的进货价低得多。他无法与人竞争，不仅无利可图，还要支付高昂的运费等，赔了10万元。

经营蔬菜有一定风险，经营水果也是这样。一位姓王的水果商，从新疆购进大批水果，用火车运到大连。在新疆订货时水果是新鲜的，谁知气温突然升高，运输过程中又遇暴雨，特别是发货方不讲诚信，把部分不新鲜的水果混放在新鲜水果中，加上火车又误了点，货到站时，半数水果都已变质。这个水果商只好降价处理，亏损20多万元。当然这是个例，不具有普遍性。

真正具有普遍意义的是，在这里只要能吃苦耐劳，诚信创业，挣钱是没有问题的，区别不过是挣多挣少而已。

# 西岗市场

## 记忆中的热闹风景

它的前身小岗子市场，曾是大连有名的五大市场之一，在全市人气最旺。而在现代化的新型市场蓬勃兴起的今天，它已步履蹒跚，逐渐淡出。

在日本殖民统治时期，大连曾经有五大知名市场，即信浓町市场（常盘桥市场）、山县通市场（民寿市场）、千代田市场（春和市场）、小岗子市场（西岗市场）、西大连市场（民勇市场）。此五大市场，百年来变化很大，有的飞跃发展，如常盘桥市场改名后扩大为大连商场，西大连市场改名为民勇市场，有的则已不见踪影。唯独小岗子市场改名为西岗市场后，坚持在原地营业，百年来没有多大变化，但房屋破旧，客户减少，营业日趋萎缩，大有迟暮之感。

小岗子市场建于1909年，用地6377平方米，建筑面积648平方米。市场经营蔬菜、水果、鱼类、禽蛋肉类，主要供应对象是小岗子地区（今西岗区）的中国居民，地址在繁华的大龙街一带。这个市场兴起后，附近的马路也成了热闹的市场街。

小岗子是中国商人集中地区，又名中国街，居民人口多，市场生意兴旺，营业额和客流量都超过当时大连最大的市场信浓町市场，可以说是全市买卖和人气最旺的市场。

1920年春节，市场发生大火，整个付之一炬，化为灰烬。其后西岗商会大力筹款，利用残存的外壁修建了简易的店铺，但一直没有扩建。以小岗子市场为核心的市场街，名气很大，在当年老大连人的心中占有一定的分量。市场街上不止一个小岗子市场，从长江路向南一直到宏济桥，向东到东关街，向西到大龙街、新开大街，店铺林立，既有

市场门前狭窄拥挤的通道

经营各色风味的饭店、酒馆，也有经营日用杂货、绸缎布匹等的商店，还有烟铺、薄铁铺、裁缝铺、锅贴铺等典型的中国式商铺。这片商业街区和大大小小的店铺，都以小岗子市场为核心。

市场内还有一道特殊风景。在卖面条的场地，挂在商户房顶上、横梁上等待风干的一排排挂面，有几米长，煞是好看。这些挂面风干后被切成一段段的，经过包装就可以出售了。

西岗市场最热闹的时节，是春节（过大年）前后一段时间。人们前来选购各色各样的年画，为大人小孩买新衣服。这里的年画和服装，都是从全国各地采购来的，汇成年货展览大集，不仅附近居民来，市内各区的大连人，甚至日本人、西洋人也来逛街购物。

市场周边的烟铺营业也进入旺季，当时能买得起香烟的是有钱人，一般老百姓抽旱烟，旱烟比较有冲劲的是吉林蛟河烟和黑龙江亚布力烟，稍次较为温和的是贵州烟。过年了，有钱人大买香烟，老百姓为了过大年也买几盒香烟，以便招待亲朋好友。当然，买卖最旺的还是旱烟。

再说市场周边的薄铁铺。过年前，大连已经进入冬季，取暖都是用煤炉子。于是，制作铁皮炉子和烟筒的薄铁铺便忙碌起来。陶瓷商店的生意也不错，因为人们要腌渍咸菜和酸菜，都需要用盆用缸。

西岗市场附近的老旧街巷

人们逛市场累了饿了，便要到市场街与华胜街交会口的三八馄饨馆、靠近宏济街的新风锅贴铺等小吃店去饱餐一顿。这两家饭馆当时也很有名气。酒足饭饱后，还有余兴的话，还可以到华春照相馆去拍一张全家合影。由于市场周边商号人来人往，人们不管怎样忙，都愿意抽几分钟到市场里转转，给市场增添了人气。

# 民勇与长兴

## 西安路上两大老牌市场

民勇集团老店新开，长兴市场历久不衰，两个百年老店做到与时俱进努力创新，成为西安路上光芒四射的商业明星。

西安路在日本殖民统治时期名为“大正通”，其中部的巴町、元町一带（今民勇街、泉涌街），是繁华的商业区，日本人在这里创办了“大连西市场”，企图垄断大连西部商业。但中国居民早在这里开办了众多的露天市场（俗称西大场），营业额超过了日商所办的市场。

日商蛮不讲理，竟在日本殖民当局支持下动用武力对华商市场进行禁止。勇敢的华商为了生存，与之展开了长期的“游击战”，最终迫使日方不得不让步。可以公开经营了，与日商市场展开竞争。

大连解放后，大连西市场被人民政府接管，改制成为国营民勇市场。西大场扬眉吐气，业主盖房建屋，组建了公营大集体和个体户相结合的新型农贸市场，命名为长兴市场。此后，在国营经济领导下，民勇与长兴这对隔街相对的老市场焕发出勃勃生机，相互合作，共同发展，成为大连西部光芒闪耀的商业明星。

### ▼大连西部由荒凉村落变成新兴城区

今天的沙河口区在俄占时期原是城乡结合地带，属于城市的郊区，有几十个自然村落，居民从事农渔业为主，少数居民从事行商，贩卖商品供应当地。

日本侵略者强占大连后，此处称为西大连，在主城区不断发展的情况下，西大连贯通南北的主干道定名“大正通”（今西安路）。离沙河口火车站不远的霞町（今兴工街），日本人开办了铁道工场（今机车厂），西大连南部台山地区创办了大连机械制作所（今大重），大正广场（今解放广场）周围建起不少中小型工厂。工业的勃兴，带动了商业的发展。1920年后，市内华商八大富豪之一的许亿年看准了西大连的商机，把他开办的安惠栈商行总店迁到大正通中部元町、巴町一带（今民勇街、泉涌街），设立了与工、农、商及服务业有关的各种商号。又与日商三井、三菱洋行签订了共同开发大连西部商业合同，投资在马栏等地开办大型农场和开发房产。在很短时间内，西大连成为大连西部的新兴工商业城区，改变了郊区面貌。日本资本家看着眼红，要在这里开办一个综合性的大商场，想独占此区巨大的商业利润。

## ▼民勇市场的前身

在上世纪20年代初，大连东部有信浓町市场（今大商前身）、山县通市场（民寿市场）、千代田市场（春和市场前身）、小岗子市场（今西岗市场）等4个大型综合市场，唯独新兴的西部地区（今沙河口）没有这样的市场。华商许亿年想在西部开办大型市场，但实力不足。这时，日商暴发户相生由太郎、石本贯太郎、乌羽当盘、瓜谷长造等人，看准了这个大好商机，共同集资，向殖民当局申请，在西大连开办一个大型商场。

日本殖民当局为了控制新兴的西大连，对日本人开办的市场大开绿灯。4个日商出资200万元，选择大正通的巴町、元町地段，开办了“大连西市场”，对外宣称开办市场是为了“方

西安路上的民勇大厦

便公众购买日用品，统一物价，讲究卫生”等等。

西市场占地6357平方米，店铺面积1593平方米，有坐商19户。主要经营副食品、杂货，服务对象以日本人为主，还有部分有钱的中国人。中国的一般居民，因这个市场商品价格太高，除了把它当成“商品陈列馆”参观一下外，根本消费不起。中国居民购物都到街对面中国人自办的露天农贸市场（俗称“西大场”）。因此，大连西市场开业后，表面上人气挺旺，实际营业额不高。据1923年统计，当年营业额为176560元。1932年上升到38万元上下，原因是殖民当局对街对面的“西大场”进行武力干涉，禁止中国人营业。

1928年，大连西市场利用自己占有空地多的优势，采取“以华制华”的阴谋对付华商，大量引进华商，增加建筑面积，在市场门面的外廊多设店铺，租给华商经营。市场里面也允许华商经营，月租费减至每月7元，仓库费3元。门面外廊租费较高，每月21至28元。同时，派

人到中国内地进货，经营低档商品，以此来扩大营业，吸引广大顾客。

1931年，大连西市场总户数为40户，其中日商19户，华商21户。1933年，西市场再次增加建筑面积，吸引华商。1935年发行了通用传票和通用商品券，全场商户增加到63户，其中日商26户，华商37户，营业额升至476965元，进入鼎盛时期。

随着生意的兴旺，日商敌视和歧视中国人的本质开始暴露。1936年，从日本国内或西方国家进口紧俏商品时，为优先照顾日本人购买，竟贴出了"满支人不卖"的通告。当时，日本人把大连本地居民称为"关东州民"、"满洲国民"，把外地在连的中国人称为"支那人"。此举引起广大中国市民的强烈反感。为维护民族尊严，中国市民立即劝告亲朋好友，今后千万别进"西市场"参观和购物。

西市场的歧视性行为，中国普通居民生活未受影响，少数有钱人则坐不住了，把无法入场购物的情况报给相生由太郎。精明的相生由太郎立即训斥西市场日方经理，今后不准有"满支人不卖"事件发生。虽然如此，但这个西市场的生意仍避免不了开始滑坡，一天不如一天，直到大连解放。

## ▼长兴市场的"抗日游击战"

在日商创办的西市场街对面，当时有一大片空地。早在俄占时期，中国的小商小贩就自发地聚集于此，摆设露天地摊，出售居民所需的日常生活用品、副食品、农产品、粮食、海产品、杂货。西大连是城乡结合部，农产品、海产品丰富，都从小平岛、马栏子运来，成本较低，其价格与市内东部、中部比较，有着明显优势，吸引了大批顾客。据1921年的不完全统计，这个露天市场的年营业额约24万元，有固定摊位的商贩百余户。

大正通的东部下藤町（今同泰街）、葛町（今玉华街）中间也有一块空地，其周边有不少铁工厂，居民也不少，吸引了不少商贩在此摆摊营业，成了西大连第二个露天市场，规模虽然比不上元町、巴町地区的露天市场，但生意也很红火。当地居民习惯把元町、巴町地区的露天市场叫"西大场"，把下藤町、葛町地区的露天市场称为"东大场"。西大场是今天长兴市场的前身，东大场是今天玉华市场的前身。

日商的西大连市场开业后，本想独占大连西部市场，但与中国人的西大场比，人气明显不足。西市场开办成本高，场内的华商每月要交税和租金，市场经营上不去，有些华商便想退租。市场的开办者求救于日本殖民当局，每天派伪警察到中国人的西大场驱赶商贩，企图消灭竞争对手。而西大场的商贩也有应对之法，每天在伪警察上岗前，大家提前上市，把商品摆好，顾客们也很配合，提前赶市。及至伪警察来查禁

长兴市场

时，商贩们便立即向后方的泉涌街地区疏散隐蔽，老百姓称这种方式为“抗日游击战”。

伪警察在西大场里抓不到什么人和物，临近中午时便陆续撤回。这时，中国商贩以“敌来我退，敌走我进”之策略，再次进入原地营业，顾客也非常默契地应时而至。许多中国有钱人和部分日本人，也能“紧随形势”前来购物，这些人既不是爱国爱中华，也不是亲华友好，实际是图便宜买实用的东西。

面对伪警察的围剿驱赶，中国商贩采用游击方法以求生存，被日商所知，要求伪警察分上午下午两班，全天进场执勤，不给中国商贩营业机会。

## “银弹战术”

伪警察在西大场全天值勤，时间一长感觉太累，又没油水可捞，都不愿意干。日商以为自己有殖民当局撑腰，也不给伪警察好处。因而原来执勤的4名伪警察，有两个想法调离，最后只剩下两个伪警察执勤，既累又怨，时间长了便开始偷懒，晚来早走。这种情况被商贩们看在眼里，商贩们决定改变战术，想法制服伪警察。通过摸底调查，商贩们联系上了伪警察的家属，承诺每天给每个伪警察送生肉1斤、海鱼2斤、粮食3

斤、蔬菜4斤，放在秘密地点，由家属领走。伪警察得了实惠，便掩护商贩秘密营业，让商贩把市场撤至原泉涌街的中间地带两侧，正面看不见人，空地上由伪警察来回假装巡视，实际上是掩护商贩。这种“银弹战术”行之有效，从此西大场恢复了元气，生意兴旺。

纸是包不住火的。日商感到奇怪，为什么自己的生意突然又上不去？于是开始侦察，发现了西大场的商贩仍在营业，就向殖民当局举报这两名警察不称职，要求撤换并加强警力，以彻底“肃清”华商。

殖民当局的日本官员也不是清廉分子，看到有钱的日商只顾自己赚钱，也没有给他们什么好处，还不断提要求，便不耐烦了，干脆就把西大场的警察撤了。日商一再催问何时新派人手，官员推说警力不足，敷衍了事。

西大场的中国商贩恢复了原有营业状态，并公开扩大经营，销售额直线上升，这一下把西市场的日商差点气死。

## ▼华商战术奏效

大连西市场的日商经理眼见西大场不仅屡禁不绝，而且公开营业，他只好请相生由太郎出面解决此事。相生是出名的“中国通”，他去见西大连华商商会会长许亿年，请其协助解决。许亿年告诉他：“做生意靠的是公平竞争，西大场的华商是将本求利，没有违反商业原则。大家都要生存，为什么要搞得你死我活，结果两败俱伤？西大场生意兴旺，这是市场发展的正常现象。当局可以征税，使之合法经营，也能有一笔可观的财政收入。其实这是唯一的正确办法，对中日双方商人都有利。”相生听后，回去和殖民当局商议，当局认为既然有大笔税款收入，此法可行，批准西大场可正式营业，征税的税率由华商商会定后审核施行。

许亿年为争取华商继续支持他当会长，将税率定为0.5%~1%。税率不高，但华商户数多，税额还是很可观的。据1932年不完全统计，西大场商户已达300多户，当年营业额947890元。随着商户增多，营业额逐年上升，引来大批投资商，在空地上建房盖屋，开门头房。

西大场“合法”后，日商本当与之公平竞争，但他们不反思自己的经营方法，反而责怪税务局“包庇华人，不顾帝国利益，是帝国的叛徒”。税务局回应：“你们交不上税，还欠税，不会做买卖，损害帝国利益的是你们。”

西市场的日本负责人有气无处发，每天到西大场门口破口大骂，“八嘎”之声不绝。中国商贩故意气他：“你有本领，再派警察来。”两个市场的对立，一直持续到大连解放。

## ▼解放后的民勇与长兴

1945年，大连解放，西大连改称沙河口区，大正通改名西安路。大连西市场以敌产被没收，改为国营民勇市场。

西大场业主们扬眉吐气，增加资金扩大营业，集体和个体经营相结合，组建了新型的农贸大市场，名为长兴市场。

民勇和长兴两大市场的经营人员在国营经济领导下和谐相处，过去的恩怨随着日本人的垮台一扫而光。

上个世纪50年代初，中山路直达马栏，西安路贯通南北，地处中部十字路口的民勇街和泉涌街一带成为交通枢纽和商业中心。当时电车上的乘务员大都来自外省，没有经过普通话培训，带着浓重的乡音，不急不慢报站名，把民勇街说成“没有爹”，把泉涌街说成“全有爹”，一时间引起外地游客的误解和好奇，认为此地是大连的神秘区域，传为笑谈。

民勇市场锐意经营，从祖国各地采购名牌产品供应顾客，成为一大特色。长兴市场很快改变了露天市场的形象，成为全市最大最漂亮的农贸市场。改革开放后，两个市场一再扩建，规模越来越大，为沙河口区一跃成为新兴的工商业主城区做出了积极贡献。目前，民勇集团老店新开，长兴市场历久不衰，两个百年老店做到与时俱进，努力创新，成为西安路上光芒四射的商业明星。

# 安惠栈

## 善于捕捉商机的多面手

安惠栈老板许亿丰的最大成就，是开拓大正通（今西安路），将其全线打通，搞活搞热，为今天的繁荣打下了基础。

## ▼大正不通许家通

上世纪20年代初，大正通（今西安路）依旧是没法通，中段地带荒凉无人开发，南北无法通气。此时，有人叹息，有人无奈，都在想如何让它通起来。忽然间，跳出来一人大吼："此路不通我来通！"

大吼者姓许名亿年，字万亭，1880年生于沙河口区小平岛，在家里的叔伯兄弟中排行第五，因此人称许老五。他精明能干，长于钻营，社会上又给他起了个外号"许五耗子"。

沙俄侵占大连期间的1902年，他随二哥许惠年在东大连（今中山区）永和街（日占时期称信浓町）附近开设了安惠栈杂货店，专门供应俄罗斯日用品。安惠栈店铺不大，但每年端午节都出售自己生产的特色糯米粽子，以价廉物美而闻名。当时，许亿年学会了俄语，安惠栈生意日趋兴旺。

1904年日本侵占大连后，安惠栈失去了俄方的买卖，营业开始冷清。许亿年又随风转向，迅速学会了日语，并打通了殖民当局工商部门的关节，于是，安惠栈的营业额开始回升。许亿年能看准商业行市，适时捕捉商机，因而生意做得非常顺手。只几年工夫，安惠栈便一跃成为大连杂货业中的大户。

安惠栈发达后，许亿年恃功而傲，在店内独断专行，招致兄长反感，结果分家各自单干，安惠栈由许亿年经营，其兄许惠年在小岗子开设安惠西栈。后来，还是许亿年的安惠栈挣钱，店务不断扩大。家族里的人不得不佩服许亿年的经商能力，两处安惠栈重又合为一家，由许亿年统一主持。

1910年以后，日本侵略者为了掠夺我东北地区丰富的大豆资源，利用大连港的有利条件，制定了特殊政策，鼓动商人开办加工大豆的油坊，其成品大量输往日本国内和欧美各地。大连油坊业由此兴起，开设油坊者无不利市数倍。许亿年见利心动，抽出大量资金，在小岗子财神街开办了一个大油坊，获利之多居同行前列。

上世纪20年代初，许亿年作为工商业中的暴发户，已挤进了大连华商八大富豪的行列。当时这"八大富豪"依次为：刘肇亿、郭精义、张本政、邵慎亭、安慈民、庞睦堂、周子扬、许亿年。因许亿年将财力集中投在沙河口大正通地区，他也成为沙河口的首富。

财大气粗的许亿年认为，大正通中部开发工商业大有可为。1923年，许亿年将安惠栈迁至大正通中部元町地区（今民勇街、泉涌街一带），在马路两边的荒地上建立商铺，每隔10米左右开设商号一处，以安惠栈名义经营粮油、百货等食杂品，还开办浴池，空余商铺招商出租。他还开办小工厂，销售农产品，自办车队成立运输公司。在此基础上，又进一步向大正通西侧纵深发展，在马兰屯附近和营城子收买土地近千亩，盖房数百间，开设“万亿庄园”第一、第二农场，打电井6眼，农场内建立蔬菜加工厂，生产蔬菜罐头、酱菜等。

此外，许亿年又在梁家沟购置山地200多亩，办起了果园，种植果树和其他林木1万多株，在果园附近盖房200多间，与农场加工厂配套，加工各种果子罐头，还生产粉干粉丝、黄酒、木材，经营铁工厂、养猪场、养鸡场等。所有自产的商品，除在大正通的门市销售外，还运往外地销售。至此，许亿年开发的工农商产业形成了产供销配套的一条龙经营，这种模式，在当时大连的民族资本家中是唯一的。

大正通上有了许家的企业带头，大连东部、中部各商家纷纷前来投资创业。到1927年，大正通地区的经济形成火热局面，全线打通，老百姓评价说：大正不通许家通。

## ▼西安路的开拓者

许亿年所办企业包括了工、农、商、林、畜牧、运输等各种业态，他还嫌不足，在其老家小平岛又搞起了新型渔业，在大正通开办了全市最大的海鲜市场。如此一来，大正通人气更旺，财源滚滚，引起了日本商人的眼红。日本人在大正通办了一个“西大连市场”，一开始也赚了不少钱。这个市场对面的一大块空地上，马栏屯附近的农民和商贩自发聚集，形成了一个自由农贸市场，场内出售的产品品种丰富，价格便宜，使西大连市场受到严重冲击。日商请殖民当局派警察出面查禁农贸市场，但禁而不止，越禁越兴旺。日商无奈，只好请许亿年设法解决。许亿年以维护华商利益为前提，要求保留农贸市场，而当局可以征税。殖民当局见钱眼开，便允许这个农贸市场继续开办下去。农贸市场长盛不衰，解放后成为今日长兴市场的前身。至于“西大连市场”，解放后以敌产归公，改名民勇市场。

农贸市场的风波，使许亿年大得民心。他认为时机对自己有利，立即促成了西大连商会的建立。本来大连有一个全市性的商会，各个区可以不设，但日本人出于“对中国人分而治之”的想法，批准了许亿年的请求。在西大连商会成立大会上，没有人同许亿年竞争，许亿年毫无悬念地被选为会长，并在此任上一直做到大连解放。

进入30年代后，许亿年所办企业越发兴旺。每年端午节前后，顾客凡购买许家产品2元以上，可免费得到5个许家粽子。单买许家粽子，每人限购5个，但价格不到市价的一半，可谓物美价廉。不仅沙河口百姓排队抢购许家粽子，就

安惠栈原址（今西安路、黄河路交会处）

是东大连、小岗子的市民也闻风而至。

许亿年的经济实力得到高速增长，主要靠承销日商三菱洋行的面粉、砂糖。许亿年承担大连地区的经销业务，每次订购现货和期货面粉多达30万包，砂糖5万包以上。后来，承销范围扩大到南满铁路沿线的沈阳、开原、四平、长春、吉林等地，他还承销日商三井洋行的产品。许亿年发家之初名列大连华商八大富豪之末，后来便蹿升到第二位，其财富仅次于政记轮船的张本政。

许亿年经营三菱、三井的产品也有风险，但他得到张本政及杂货业巨头迟子祥、徐宪斋等人的帮助，度过了危机。到30年代中期，大连华商中形成三大巨头，东（今中山区）有张本政，中（今西岗区）有庞睦堂，西（今沙河口区）有许亿年。因张本政担任了伪职，所以老百姓称他为“二皇帝”。而许亿年没有担任伪职，却在财力上雄霸大连西部，老百姓给他起了个外号“西霸天”。这个外号虽然不大好听，但并没有指他有欺男霸女、抢占民财的行为。

许亿年发财后，也为沙河口办了不少公益之事，如改造大正通路面，资助地方教育经费，对外来民工生活的补助，对贫苦市民的救济，对马栏、营城子地区的开发等，都做出了一定的贡献。人们认为他的最大成就是开拓西安路，将其全线打通，搞活搞热，为今天的繁荣打下了的基础。

1945年大连解放后，许亿年对人民政府的政策存有疑虑，不相信共产党。他没有像开明人士雷正礼一样把农村所有农场、果园、房屋、土地主动上交政府，也没有像张本政、邵慎亭那样盼望国民党接收大连，而是自以为聪明地走中间路线，意图先避一下风头，悄悄去了北平。他这一走，所属企业无人负责，人民政府命令由职工选出负责人继续营业；农场、果园无人管理，由政府接收。他这一走，走上了不归路，于1950年病死于北京。

# 二百大楼

## 大连西部的百货之星

在大连市区高档百货商店林立的情况下，二百大楼将自己定位于针织品和中老年服装商场，是从容应对商业竞争的有效策略。

大连市区西安路上的二百大楼，是大连百货业有名的老字号。

1945年日本投降后，大连市政府接收敌产，将天津街上最大的百货业商店收归国有，它就是几久屋洋行。几久屋收归国有后，先后用过关东百货公司、大连第一百货大楼等店名。而二百大楼，则是政府将大正通（今西安路）上的几家日商商店接收整合后，定名大连第二百货商店，又名沙河口百货商店。新中国成立后，老百姓将天津街上的第一百货商店简称为“天百大楼”，而将沙河口的第二百货商店简称为“二百大楼”，一直沿用至今。

二百大楼在西安路上独树一帜，信誉卓著。这家商店面积不太大，仅有4000多平方米，但年销售额近5亿元。它的硬件设施不太好，但自改革开放后，连续多年保持20%以上的增长。西安路上的大商场很多，二百大楼能创造如此成绩，实在是出人意料。

二百大楼给自己的定位是大连西部最大的针织品市场，西安路上最大的布鞋市场，全市最大的中老年服装市场。实践证明，这种定位，是在市区高档百货店林立的情况下，从容应对商业竞争的有效策略。

这家老牌百货商店的售货服务，确立了一切向服务顾客倾斜的理念。靴鞋卖场，做到蹲式服务。服装卖场，如果顾客有不满意之处，可以为顾客改做，或者进一步定做。在购物环节上，于各个细微处真诚为顾客着想，让顾客感到购物的快乐。

在为顾客服务方面，二百大楼还有一个特色，凡是顾客在店中遗失的物品，如金银首饰等贵重物品、现金，甚至水果、蔬菜、糕点等，都及时通过广播和公告，如数交还顾客。这样的事每天都要发生数起。店方不厌其烦地为顾客服务，让顾客在店中购物安心放心，像在自己家里一样自在。

二百大楼在经营方面确定了薄利多销的原则。进货严格，切实保证商品质量。这些，都是为了让顾客对商店有一个好印象，诚心认可二百是一家货真价实、名不虚传的平价商店。

每逢节日或店庆时，二百大楼都举办回报顾客的活动。一是对商品进行打折销售，真正让利于顾客。他们的工作非常细致，让顾客知道每一种商品打折前的价格是多少，打折后可以省多少

二百大楼

钱。他们采取与顾客唠家常的方法来拉近距离，让顾客相信店方没有欺诈行为。因为有些商店也宣传打折促销，但却不是真诚让利，而是事先将商品暗中提价，而后再宣布打折，实际上还是原价。

二是在促销活动中，还规定购满一定数额的商品后，顾客可参加抽奖。发给顾客的奖品丰厚实用，大到彩电、冰箱、洗衣机、微波炉、厨房用具，小到毛巾、茶具、保温杯、蒸锅等，都是顾客喜爱的商品。不像有些商店把平日滞销或卖不出去的商品作为赠品的变相欺骗行为。

二百大楼还有一种预付款活动，顾客如存入现金3000元，在规定时间内前来购物，这3000元可升值为4000元。这比把钱存入银行拿利息还合算，特别是在通货膨胀时期可免贬值之忧。而二百大楼，则盘活了资金。

二百大楼在五四广场旁，每到夏季，为答谢顾客，经常举行夏凉电影晚会，由此扩大了商店的人脉，提高了知名度。

# 大连宾馆

## 百年滨城的历史见证者

有道是：大连往事知多少，尽在百年老房子。大连宾馆百年来的变迁，可以印证此说。

建于日本殖民统治时期的大和宾馆，在大连有两个同名的旅馆，一个在旅顺，一个在大连市内，都是有名的老建筑，已有一百多年的历史。

在旅顺的大和旅馆，曾是日本特务川岛芳子婚嫁的礼堂，傀儡皇帝溥仪上台的地方。而大连的大和旅馆，日本人曾把它作为大和民族统治滨城的象征，后来苏军又把它作为军管会和司令部的办公地方，这个旅馆，就是今天的大连宾馆。

有道是："大连往事知多少，尽在百年老房子。"大连宾馆百年来的变迁，可以印证此说。

## ▼历史风云的印记

日俄战争后，日本侵占了大连。为了向中国人民炫耀一下"大日本帝国"的文化艺术，侵略者开始美化城市建筑，着手打扮俄国人所建的尼古拉广场（即今中山广场）。首先废除了"尼古拉"之名，当时拟定改名为"明治大广场"，作为日本统治大连的象征。

"明治大广场"是日本军部提出的，日本国内的"文治派"中一些所谓"有识之士"认为：日本发动日俄战争时，已向世界宣布"此战为征伐俄帝暴政之战"，如果去掉俄帝"尼古拉暴君"之名，而再冠以日帝"明治"的称号，就会被人们说成是"以暴易暴"。因此军部作了让步，但同时又提不出别的适当名称，就以"大广场"称之。

日本军部虽然让步了，但心有未甘，为表明他们征服大连的"赫赫战功"，竟不理文治派的劝告，于1907年在大广场内不伦不类地建起了日本大军阀第一任关东都督大岛义昌大将的铜像。1909年南满铁道株式会社在大广场南侧修建了一座豪华的欧式大旅馆，为了取悦军部当权派，取名为"大和旅馆"，以示大和民族已"统治"了这个城市。

大广场的大和旅馆与它对面的圆顶大楼（即今中国银行大楼），都是日本当时青年建筑师太田毅设计的。根据现在的专家鉴定，中山广场周围的老建筑中，以中国银行（圆顶大楼）和大连宾馆（原大和旅馆）最有价值，在艺术造型和建筑质量上都可圈可点，是十分精美的建筑。

大和旅馆为四层钢筋混凝土结构，建筑面积11376平方米，营业面积9000平方米，有客房80间，餐厅10个。它是一座文艺复兴建筑风格与巴洛克式建筑特点相融合的欧式建筑。其主楼正面中心部位横竖分断，中间二、三层用8根爱奥尼式扶壁柱作为主体。门庭高抬，伸出精巧别致的扶式凉篷，四面转角墙和窗边，门洞多采用曲线造型，呈现了不规则的变化。建筑给人的总体感觉是古朴典雅，隽秀凝重。

大和旅馆建立以来的百余年间，大连所发生的重大事件，在大和旅馆来往贵宾中都有线索可寻。大和旅馆来往住客，都是有钱有势者或一些特殊人物，普通老百姓是无缘入内的。日本的军政要人，财阀巨头，到大连就住大和旅馆，如日本首相伊藤博文等。

在日占时期，蒋介石（化名日首）、陈英士、戴季陶、孙科、汪精卫、宁武等国民党要人都曾在此停留。文化名人胡适、康有为也曾在此下榻过。“满铁”的情报部门在大和旅馆内有专人扮作服务人员，收集来往贵宾的有关活动资料。

1945年大连解放，苏军进驻大连，苏军驻大连警备司令部司令高兹洛夫看上了大和旅馆，把警备司令部设在了这里。

在这里，召开了大连各界代表协商会议，选举产生了最早的大连市政府，选出了市长迟子祥。为了要接收大连，国民党东北外交特派员蒋经国曾秘密来到大连，高兹洛夫没有让他住在外面，就在这里接待了他。还有以后曾出任中国人民解放军第四野战军参谋长的刘亚楼将军，当时在苏军警备司令部，化名王松，以少校副官的名义开展工作。对这些往事，大连人民至今仍记忆犹新。

不久，苏军警备司令部从这里迁走，苏联国际旅行社入驻。直到1950年才由中国政府接收，1953年改名为中国国际旅行社大连分社，1956年起改称今名“大连宾馆”。

大和旅馆

## ▼旅顺的同名旅馆

旅顺的大和旅馆，地址在太阳沟文化街30号。太阳沟很有名，有人称这里是“露天历史建筑博物馆”。因为这里有许多座跨世纪的历史老建筑。

旅顺大和旅馆面积不大，仅1700多平方米，但名气却挺大，馆龄也长，经历了110年的风雨沧桑。

建筑这家旅馆的人是俄籍华人纪凤台，这是他的私人住宅，改名大和旅馆是日占时期的事。纪凤台不是一般人物，他是旅顺俄军司令部的首席通译官，是亦官亦商的买办官僚资本家。他祖籍山东黄县，到旅顺后结识了烟台大商人刘肇亿，两个人合伙在旅顺开设了瑞昌木行。刘投入巨资，纪利用俄军势力，以最低价收购大、小兴安岭的木材，并运到大连，由瑞昌木行向关内批发，利润极大。纪凤台成为俄籍华人的首富，刘肇亿成为大连华商八大富豪之一。

纪凤台暴发后，于1899年开始在旅顺太阳沟买地建宅，此宅即旅顺大和旅馆的前身，当时老百姓称它为“纪公馆”。日俄战争后，此楼于1906年由日军接管，交由“满铁”经营旅馆，名为大和旅馆。1907年，又在黄金山设立大和旅馆分馆。能住进旅顺大和旅馆的人，都是日本有钱有势之人，或与其有特殊关系之人。

1927年11月的一天，旅顺大和旅馆突然热闹起来，原来是肃亲王的十四格格川岛芳子与蒙古王子甘珠儿扎布在这里举办结婚大典，来了不少日本军政要人。

1931年“九一八”事变发生后不久，同年11月，清末代皇帝溥仪在日本关东军的挟持下，从天津秘密来到旅顺，大和旅馆成为他的临时住处。溥仪住在楼上，日本人不准他随便下楼，实际已处于软禁状态。关东军参谋长坂垣征四郎在此导演了伪满洲国出台前的准备工作。伪满的“总理”郑孝胥及溥仪的皇后婉容都在这里住过。期间溥仪与婉容由川岛芳子陪同到肃亲王府，参拜善耆遗像。直到翌年的春天，溥仪一行才离开旅顺去长春，当了傀儡皇帝。

大连解放后，国民党企图接收旅大，派出以东北行辕副参谋长童彦平中将为首的视察团前来大连，苏军将他们安排到黄金山的大和旅馆分馆。

建国前，旅顺大和旅馆由苏军接管，作为苏军司令部军法处办公室，1955年移交给中国人民解放军，成为驻军某部的招待所。上世纪70年代，这座二层建筑扩建为三层，大体保持了原有风貌。

现在，旅顺太阳沟的大和旅馆已成为大连市文物保护单位，许多到旅顺旅游的人都要到这里看一看。

## ▼新生

新中国成立后，大连的大和旅馆由我国政府接管，更名为大连宾馆。在改革开放前，这里是大连市接待党和国

大连宾馆

家领导人，外国首脑、贵宾的主要宾馆。曾在此下榻的党和国家领导人有周恩来、刘少奇、董必武、彭德怀、邓颖超等。大连宾馆还接待过赫鲁晓夫（苏联）、苏加诺（印度尼西亚）、竹下登（日本）等外国首脑。

到了上世纪70年代中期以后，随着棒棰岛宾馆、富丽华大酒店、香格里拉大酒店等先后出现，大连宾馆在全市宾馆行业中的地位受到了冲击。

有人认为大连宾馆可能从此门可罗雀。但出乎人们的意料，大连宾馆不仅坚持下来，而且营业情况日趋兴旺多彩。

大连宾馆有其自身的历史特点，是其他大酒店所不具备的。它地处著名的中山广场这个城市中心地带，顾客可以就近到天津街、青泥洼桥商业街散步购物。大连宾馆见证了大连城市发展的历史，它的每个房间都住过中外名人。而宾馆的建筑也具有艺术价值，是珍贵文物。上世纪50年代，政府原想将其作为旅游景点，但那时旅游业并不发达，加上原有的厨师和服务员也需要安置，因而就决定改为宾馆。

很多外地人来大连公出、旅游，都喜欢住大连宾馆，因为大连宾馆使他们感到神秘好奇。入住的客人还有一个共同习惯，即喜欢互相参观卧室，喜欢在宾馆内到处观赏。许多大连人家中来了宾客，也愿意安排到大连宾馆。

# 人民浴池

## 大连浴池业之星

人民浴池在天津街上风光了几十年，新世纪初城市街区改造后，它便成为市民记忆中的风景。

## ▼日占时期的大连浴池业

日本帝国主义强占大连后，随着人口不断增加，大连的浴池业也有所发展。

日本人的沐浴习惯与中国人不尽相同。中国老百姓听说日本人的浴池是男女共浴，感到惊奇，男女有别，怎能一起共浴呢？实际是怎样个共浴，也并不清楚。而日本人也不欢迎中国人到日本浴池洗澡。因而中日两国市民在浴池业上是分开界线，各设各的浴池。日本人的浴池一般都建立在日本人的居住区，从业人员都是日本人。

1939年前，大连市内的浴池由最初的4家发展到了27家，从业人员达2000余人。

1941年太平洋战争爆发后，日本帝国主义在物力人力上都感缺乏，于是日寇开始大抓中国劳工，中国浴池工人纷纷逃亡，迫使中国人开办的温泉堂、万清泉、福泉堂、近江泉、庆和堂、中兴泉、泡泉池、华清池、连升堂、福增堂等10余家浴池先后歇业，浴池业和其他行业一样，处于衰退时期。

为了维持幸存下来的10余家浴池，1940年由中兴泉的老板阎封吉出头成立了大连澡堂业组合，隶属于大连市（华商）商会。10余家华商浴池勉强开业，动员中老年老浴池工人上班维持残局，营业情况并不理想，这种局面一直维持到1945年日本投降为止。

## ▼男女共浴问题得到妥善处理

日本人的浴池是男女共浴，怎样个共浴法，中国人并不清楚。中国的中老年人受传统思想影响，基本上反对男女共浴，认为是伤风败俗。但一些年轻人出于好奇，要求浴池业派人到日本浴池学习男女共浴的模式，在中方浴池也实行男女共浴。

大连华商商会接到这个请求后，曾开会研究如何处理这件事。华商中大部分上层人士虽然思想不保守，但认为这件事有违中国人的传统道德，中国和日本国情不一样，不能轻易实行男女共浴，否则后果将不堪设想。这些人士主张对年轻人进行劝导，但这些年轻人并不买账，非要开放男女共浴不可。

华商商会为此曾与日本殖民当局交涉这个问题。日本殖民当局认为这不影响日本人的政治统治，表示不干涉、不反对，让华商商会自己决定。

华商商会感到非常为难，经过一段时间的反复研究，由浴池业的专家提出了一个两全其美的折中办法。这个办法是可以实行男女共浴，但共浴方式和日本浴池不一样。

中国浴池的男女共浴是在包间中进行，不是在大池中男女混浴。包间就是一个单间，与外部完全隔离，一般只有男女两人共浴，允许带小孩。

这个新形式，得到年轻人的认可和接受，一般中老年人也可参加，但这个方式也有一定的难度和限制。包间男女共浴者有的是夫妻，有的是男女情侣，但也有少数男人带了妓女和私娼进入包间男女共浴。浴池也没有严格规定，一般都是睁一只眼闭一只眼，马虎地处理。

## ▼解放后的大连浴池业

中国浴池一般都设有分别隔开的男、女大池塘，收费也较便宜。设有男女共浴的包间盆塘的浴池，是规模较大的浴池，一般小浴池是没有这个条件的。

当时各大浴池设有单间、雅座和大屋，供浴客浴前浴后休息。单间都是有钱有势的人才有资格进入，雅座接待一般浴客和下层人员，大屋供苦力和穷汉等使用。

收费标准虽为各家自定，但一般相差无几。洗澡费、茶钱、搓澡费及小费等，都是先洗后交，当时的洗澡费标准是：

单间：0.25元

雅座：0.15元

大屋：0.08元

男女盆塘：0.30~0.40元

此外，还得付小费，小费的标准是0.02元，但一般人都给0.05元，男女盆塘的小费要高一些，都给0.10元。还有给浴客按脚也收费大致在0.10元左右。还有搓澡和修脚等费用也都在0.10元至0.20元左右。洗男女盆塘的包间都在0.50元左右，也就是5角钱。在今天看来此数不算一回事，可在当时这五角钱是个不小的数目，因社会人群的慈善救济金每月只有1元~2元钱。这1元~2元钱要维持一个月的生活支出。因此要花5角钱去洗男女共浴的盆塘包间，一般贫苦人民和低工资（每月工资不超10元，要养活3~5人）的人群，是负担不起的。

贫困人群和低工资人群花1毛多钱洗个澡，在当时可以说是很不容易的，而花2毛钱以上洗澡，或者花5角钱洗男女盆塘的人也是少数。所以开设浴池业的大老板，一般都有是有实力的人。如天津街上的大浴池（天津街137号）双泉堂，它的业主就是八大富豪第八富、大连商会会长、杂货业有名的安惠栈大老阎许亿年所开设。这些大老板开浴池，并不在乎挣钱，而是在热闹地区争地脚，以便一旦有机会可开设能挣钱的商号。许亿年在今西安路（原名大正通）具有相当势力，但对当时的东大连（今中山区），他也想在这个地区发展，所以在天津街开设双泉堂有个立足之地。也就是说，开浴池不是目的，而是在争有利于个人发展的空间。

许亿年开设的双泉堂浴池，还有一个特点，即员工以本地人为主。别家浴池的从业人员都是山东来连打工的人，而许亿年开的浴池，从业人员基本上都是小平岛及其周边地区的人。许亿年的人脉比别人强，资金周转更没问题，硬件设施也比别家强，所以双泉堂最终成为天津街上最有名的大浴池。

## ▼ 人民浴池成为全市最大最佳浴池

1945年大连解放，市内各行各业的工人和店员纷纷加入工会，阶级觉悟普遍提高，工人要当家做主，工人要翻身，要向骑在他们头上，作威作福，剥削他们血汗钱的大老板大资本家进行清算斗争，很多资本家都外逃。双泉堂的大老板许亿年也不例外，他一溜烟逃到北平。他这一逃，双泉堂没有了业主。在这种情况下，在人民政府支持下，浴池照样开门营业，由店内工人选出代表来管理店务。

天津街上的双泉浴池，由人民当家做主，重新开业后，面貌焕然一新，店名也体现解放后人民当家做主的精神，改名为“人民浴池”。

人民浴池的特色，首先是取消了客人给小费的惯例，这是浴池业几十年来的大变化。在旧社会，浴池老板不给工资，工人完全靠浴客付给的小费来维持生活，人格上受到了污辱。现在解放了，工人们当家了，浴池由工人自己管理，所有工作人员一律开工资过活，不再受资本家剥削。浴池挣了钱就归工人所有，工人们不仅拿固定工资，还有福利待遇。

人民浴池取消小费，确立工资制，此举在大连浴池业得到广泛响应，各家浴池都向人民浴池学习和看齐。人民浴池的职工对业务精益求精，努力为人民服务。对男女共浴的盆塘制也严格把关，不准带非配偶人员，以正风气。除了搓背收费外，为客人按脚、敲背等服务一律免费。为客人修脚这项服务，标明价格，不准额外收费。

在恢复了修脚和搓澡服务后，又面临这两项工作人员太少的问题，原因是老人都退休了。在后继无人的情况下，修脚、搓操技术即将失传问题急需解决。人民浴池在上级大力支持下，开办了搓澡培训班，对年轻的服务员分期分批地进行轮训。全市各浴池闻风而动，都报名到人民浴池参加培训，人民浴池请来的老师都是很有经验的退休人员。

人民浴池通过浴池总店派人到鞍山、辽阳等地学习，逐步发展修脚服务。年轻服务员葛培训热爱这门工作，他积极学习修脚技术，刻苦学习修脚理论，不但可以修脚，而且还可以医治脚病。

葛培训在修脚服务中，不怕累，不

怕脏，不论什么样的脚病都能修，都能治。他为了减少脚病患者的走路痛苦，主动走出店门到一些行动不便的老人家中登门服务。

人民浴池的修脚服务取得成绩后，为增加浴客起了很大的作用。因此，人民浴池在全市出了名，在辽南和东北各地产生了影响。人民浴池的葛培训在修脚业一举成名后不久，又出现了一位修脚天才，名叫戚其范，修脚功夫不在葛培训之下。他修脚的特点是根据客人脚的特点，采取不同的方法修治，可谓手到病除，而其服务精神做到了全心全意，不厌其烦，他也因此获得了“劳动模范”的光荣称号。劳动模范各行各业都有，也是各行各业的“状元”、“精英”，而修脚工评上劳动模范，在大连历史上是第一次，这是他本人的光荣，也给人民浴池增光添彩！

人民浴池在老天津街风光了几十年，在2000年之后的天津街改造中消失了，迄今一直没有恢复。在这次老街重新开放中，也不见它的踪影。

# 华春照相馆

## 百年前的大连美女照

如今，华春早已难觅踪迹，但它的创业奇迹却不会褪色，镜头闪闪，留下的是殖民地时期大连人的生活片段。

上世纪初，爱好摄影的金州人邱玉阶打破日商垄断大连照相业的局面，在西岗开设了第一家华商照相馆。邱玉阶的儿子叫邱凤仪，他特别去日本学习摄影，回国后主持华春照相馆业务。

在当时的大连，华春摄影技艺一流，设备齐全，营业规模日益扩大，是全市华商中唯一敢和日商竞争的照相馆。虽然，华春一直遭到日本人的打压，但它仍然顽强地生存下来。在1956年公私合营中，其资产竟占大连照相业总股金的40%，这样的规模，就是现在大连最好的摄影社也难望其项背。

邱家两代人完成了一个传奇。

## ▼第一家华商照相馆

日俄战争结束后，随着日本殖民当局大规模开发大连，大批日本移民定居大连，加上山东等地同胞先后来连谋生，市区人口迅猛增加，适应市民需求的照相馆也在大连开始出现。但当时中国人之中掌握摄影艺术的人才很少，最早经营照相馆的大都是日籍商人。

1906年初，金州人邱玉阶不甘摄影照相业为日商所独占，决定自办照相馆。

为此，他拿出200银元作酬金，拜师学艺，基本掌握了摄影的理论和技艺。后来，他又经人介绍到东大连日商经营的“土田写真馆”打工。他边当助手边学习技术，经过两年时间的磨炼，邱玉阶最终具备了一定的摄影水平。

1908年，小岗子（今西岗区）已是大连华商汇集的中心地区。邱玉阶选择小岗子最繁华的地段平和街（今西岗市场附近），开设

华春照相馆原址一带如今已破落不堪。

了华商在大连地区的第一家照相馆，起名“华春照相馆”，寓意“华人的春天来临”，具有强烈的民族意识和爱国情怀。其时，离晚清政府倒台还有4年的时间，不知道当时的邱玉阶开办华春时是否还拖着一根清朝人都有的辫子，手举着洋人才会的玩意，就像港剧里的黄飞鸿一样。

## ▼展出大连美女照

日商对华春照相馆妒恨交加，唆使殖民当局对其进行多方限制。大连市民得知此事后，出于民族义愤，凡需照相都到华春照相馆。这反而让大连人变得团结，也让华春有了生存下去的理由和动力。

除了日本人给的阻挠外，照相馆在刚开业时，也遇到了来自社会习俗的阻力，人们对摄影这个新生事物认识不够，特别有一些守旧分子把摄影视为“怪物”。因此，一开始去照相者大都是好奇的青年男女。不久，经过时间的考验，事实证明“照相对人的寿命有损”的说法完全是出于愚昧无知。华春照相馆针对中国同胞的心理，拍摄具有民族风情的照片，如为家族全体人员拍摄“全家福”、为青年男女拍摄结婚照，让人们看到照片上的形象比真人更美。由此传扬开去，热闹的平和街上，华春照相馆一时间成为最热闹的店号。

邱玉阶很有经营头脑，他在店门大橱窗内陈列着色放大的明星照片，如著名电影明星、笑星韩兰根，京剧名角梅兰芳、程砚秋等，吸引了大批顾客。

过了一段时间，当人们对明星照产生“审美疲劳”时，邱玉阶又别出心裁，把橱窗内的明星照片撤去，代之以“本市名媛闺秀玉照”。因为照片上是本市的美女，于是掀起了新一轮的照片热。

华春照相馆橱窗内的“本市名媛闺秀玉照”是真的吗？当然不是，真的名媛闺秀，岂能把玉容公之于众。这些所谓“名媛闺秀”说出来让人哑然失笑，她们是当时一等妓院最漂亮的妓女。

当时的西岗是烟、赌、娼三害的重灾区。一些姿色出众的妓女为了与嫖客加深所谓“感情”，或是有痴心妓女与嫖客产生了“爱情”，希望能早早脱离火坑，争相去华春照相馆留下芳影，赠送知己，作为“相思”的纪念品。邱玉阶对她们的芳影精心修饰，使照片的人看上去比真人更漂亮。有男子看了照片，为之神魂颠倒，竟节衣缩食省出一笔钱来，前往妓院希望能见真人一面。

华春照相馆橱窗中的“名媛闺秀”照片，还经常推陈出新，有时每月更换一两次，这样就保持华春照相馆的人气经久不衰。

平和街妓院以所拍照片送给嫖客，获得了不少回头客，此风一开，妓女也纷纷前来华春照相。随着西岗及沙河口区人口激增，华春照相馆的摄影人员先后离店到新发展的地区开设新店。

## ▼邱家二代赴日学摄影

日商看到中国人的照相馆生意这样红火，便千方百计从海外购进新设备，学习西方的先进技术，以这样的优势来压华春照相馆。邱玉阶当然不服气，他把儿子邱凤仪送往日本东京东洋写真学校学习。邱凤仪没有辜负父亲的期望，取得了优异成绩回到大连，接替其父主持店务。他一面扩大经营规模，更新所有设备，一面在店内建立新的经营管理制度，华春照相馆从此步入新的发展时期。

华春照相馆的兴盛，使市民对照相业有了新的认识。富裕家庭的女人，新婚的青年男女以及亲友团聚等，都需要摄影留念，因此，华春照相馆的营业范围不断扩大，并走上正常营业的道路，改变了过去以妓女为营业对象的畸形现象。

照相行业的特点是本轻利重，所以有许多家长愿意把子弟送到照相馆学艺，希望学成后自立门户开店营业。华春照相馆在同行业中名气大、设备齐全，因而进店的学徒工人数挺多，甚至超过了职工人数。

以华春照相馆为代表的民族照相业迅猛发展，引起日商不快，日本殖民当局也支持日商，把华春照相馆作为重点打击的对象。

殖民者对华商颁布了限令，制定了照相业统一收费标准，华春照相馆有一次收费超过了2元钱，殖民当局借此以故意借违反物价限令罪处理，处以巨额罚款，企图迫使华春照相馆倒闭。

华春照相馆已处破产的境地，无法维持下去，只有停业。但殖民当局为了维持市容，不准无故歇业，在这种情况下，华春只好开门纳客，但当时的大连老百姓生活困难，饭都吃不饱，谁有那份心情去照相呢？因而华春照相馆店门开着，却无人光临。

到1945年日本投降前夕，经华春培养出来的摄影专门人才多达50余人。此后，西岗以至大连全市开设的照相馆，大部分都是这些人合股开设，还有少数人到东北和关内各地发展照相业，因此，华春为大连乃至东北的照相业发展做出了重要贡献。

东北全境解放后，大连工商业迅速恢复和发展，华春照相馆复业了。大连当地的百姓和迁来的外省人为了纪念东北全境解放，纷纷到华春和其他照相馆摄影留念。

1956年，大连各行业进行社会主义改造，全市照相业公私合营清产核资的资金总额为111200元（人民币），其中华春一家即达40110元，占40％。

公私合营后，华春照相馆成为大连摄影社的一员。如今，华春早已经难觅踪迹，但它的创业奇迹却不会褪色，镜头闪闪下，留下的是殖民地大连人的生活片段。那段记忆将会被后人传承，会永不褪色。

# 红星理发馆

## 由“中央”变“红星”

它的外观与许多美容院一样，时髦现代，但它的故事远非城里任何一家美容院可比。

上世纪40年代初，大连市内的理发馆已有205家，遍布大小街巷。红星理发厅就是其中一家，它当时是大连市最早的大型理发馆，即日本人葛城惠三郎创办的中央理发馆。

报业大厦的正门对面，有一家美容店，大幅的广告牌匾在人来人往的商业中心非常显眼，这就是红星——由理发馆起家，发展成集美容、美发、美体多种经营项目于一体的大型美容场所。它的外观与许多美容院一样，时髦现代，但它的故事远非城里任何一家美容院可比。

时间拉回到87年前，1925年，红星的故事应该是从那时开始的。

### ▼日本人创办的“中央理发馆”

日本侵占大连后，为了永久霸占这块土地，逐步向大连地区移民。由于人口骤增，属于生活服务行业的理发业也随之在大连出现，并在上世纪30年代有了较大的发展。

日本人在大连开设的理发馆，也叫理容馆，规模较大的有中央理发馆、边田理发馆、东洋理发馆。中央理容馆的店主葛城惠三郎，在日本的东京是有名的理发师，当时担任日本理容业协会副会长。

1925年11月，葛城惠三郎在大连开设的中央理发馆开业，店内员工一开始是12名，都是日本人。不久，为了招揽中方顾客，解决语言不通的问题，葛城聘请了既有理发技能又懂日语的中国员工3名。当时，中央理发馆是大连市最大的一家理发店，聘请中国理发师后，边田、东洋等日本理发馆也先后效法。但在工资和福利待遇等各方面，中国理发师与日本理发师有明显差别。

上个世纪二三十年代，大连人口急剧增加，为适应业务需要，理发业也随之扩大范围，增加员工，增设经营项目。中国人经营的理发馆遍布市内大街小巷，但经营项目、设备都落后许多，原先只有一般的理发，没有妇女烫发这一项目。为了与日本人竞争，他们在30年代也开始有了烫发项目，但在技术上仍跟不上中央理发馆。

30年代中后期，中国人的理发馆有了很大的发展，规模较大的有修美轩，店主张德浩；双成轩，店主秦心明；德王堂，店主王世兰。特别是双成轩在规模、设备、技术力量等各个方面都不输中央理发馆。日军占领南京后，日本殖民当局在今劳动公园举行“庆祝”大会，仁和轩青年理发师查子香混入会场，以利斧砍死砍伤敌将佐各一名。

日本殖民当局认为查子香在华商理发业必有余党，在日商理发业也必有内应者，于是开始大审查。由是导致日商的中央理发馆不敢接待中国人理发，一度营业清淡，而中国人的理发馆则营业额上升，这种现象一直持续到40年代初。太平洋战争发生后，日军前线失利，在后方大抓劳工，青壮年理发师为避免抓劳工，都逃避一空，或设法进入日商理发馆寻活干。因为在日本人店中做工，可免去被抓劳工之灾。当时，中央理发馆的座位达20余个。

## “刀枪监工”下的登门服务

上世纪20年代，大连有几个来避难的大军阀：孙传芳、阎锡山、张宗昌等人。这些人来大连大多比较仓促，只有孙传芳是例外，他在沈阳时，已在大连准备好了房子，包括自备理发师。相比孙传芳的“从容”，阎锡山、张宗昌就大不相同了。

1929年，阎锡山在大连吃饭睡觉都无一定地点，以防对手行刺。刮胡子、修面、理发，在关内有最可靠的专人为他服务，但没有带来；在大连理发时只得请当地理发师，但他又不放心。理发师是拿剃刀的，近身服务，要是被对手买通了，这命就没有了。为了安全起见，最好是不理

红星理发馆

发，可如果不理发，就无法参加会见等活动，这着实让他闹心。

阎锡山几经考虑，最后决定，通过相熟的人请来理发师为他理发，这个理发师必须是理发店的大老板，既要手艺好，又要有钱有产业，因为有产业之人为了保全个人钱财和全家性命，轻易不敢受人买通而做冒险之事。当时理发馆的老板找到了，而这位老板只知道是去为有钱人登门服务，认为机会难得，很高兴地来了。

当理发师一入阎锡山寄寓之地，立刻惊呆了，只见大厅之中坐了一人，客厅前后左右有卫兵10余人手持短枪向他瞄准。当他走近阎锡山时，要脱去鞋袜和上衣，并经全身检查，除理发工具外，不准有其他物件。阎的副官告诉他："除了理发，不准有别的动作，否则一枪送你上西天。"理发师吓得直发抖，副官立即提醒："不要双手乱动，否则要开枪了。"在直冒冷汗的情况下，理发师终于完成了工作。当他被卫兵送回店中时，已不省人事，犹如做了一场噩梦。

与张宗昌相比，阎锡山对待理发师还算"文明"。军阀张宗昌的手下把理发师请上车后，立即把理发师的眼睛用布蒙上，不让他知道地点。理发时，张宗昌前后左右各有卫兵手持大砍刀，明白告知理发师，"如有异常行动，大刀就把你狗头砍掉"。这位理发师所受的惊吓可想而知。这些经过，都是事后经泰东日报社记者采访传出来的，导致理发师们对登门服务产生恐惧心理，都害怕落到个人身上。

## ▼中央理发馆更名为"红星理发厅"

1945年大连解放后，全市理发业发生了根本变化。日商理发馆因日侨全部撤离而歇业，中央理发馆等均作为敌产由我方有关部门接收。直到东北全境解放，原中央理发馆更名为"国营红星理发厅"，这是当时全市最大的国营理发店。

国营红星理发厅在原址中山路93号开业后，面貌焕然一新，把店址周围可以买下来的房屋全部买下以扩充营业面积，集中了全市最优秀的理发师，理发技术堪称一流。

当时，全市理发业一级技师有20名上下，而红星就占了12名，还有特级技师1名，理发座椅增加到37个，员工总人数55名，等于一般理发店的五六倍，可见该店实力非凡。红星最拿手的是为青年男女从理发、烫发、美发、美容的全过程服务。其代表性的美发发型，男的有"喷气式"、女的有"彩云飞"等，理了这些发型的人一出馆，立即为群众围观，成为中山路天津街上的一道风景。

红星还增设简易按摩等传统项目，设立老弱病残、离休老干部优先服务专椅，以及婴儿床、衣物寄存室、理发工具代购部及出租雨伞的便民项目，又建立登门服务制度，经常派理发员深入街道、医院、幼儿园、干休所等单位上门服务，深受各界人士欢迎。但人民群众也有意见，红星理发厅的消费价太高，理发基础价1元4角5分、烫发13元5角，美发型式、价格面议，至少在10元以上，也就是说去消费一次总价超过20余元，而当时工农大众的月收入不过二三十元。因此很多市民只能去一般理发馆消费，对红星是望馆兴叹。

# 东风电影院

## 大连第一家有声电影院

它建于上世纪20年代，曾经辉煌一时，是大连影业历史发展的珍贵见证，人们希望它能得到应有的保护。

东风电影院，建于上世纪20年代，是大连市第一家有声电影院，曾经辉煌一时，但现已变成公寓旅社。

## ▼大连电影从无声开始

因为IPAD等电子终端的流行，走着看电影都已经不是一件新奇事，更何况是进影院看场电影呢。可是时间倒回去90年，在大连，携家小到电影院里看场电影，绝对是一种奢侈的享受，可以被讲上半年的时间。

从默片到有声电影，再到3D、IMAX，电影在发展，而承载电影的影院也在变迁。在东大连寺儿沟的一条小街上，一座破败的日式建筑，二层的门楣上还留存着五个大字——东风电影院。这里，在上世纪二三十年代叫公谊映画馆；这里，是大连第一次放映有声电影的地方。哦，真的吗？任谁听过后，都会发出这样的感叹，过往与现实总是很难统一在一起。

在说公谊映画馆的故事前，有必要讲讲大连的电影发展史。大连的电影是从无声电影开始的，记不住是谁说的，说“暗恋就像一场无声电影，所有的惊心动魄、心意婉转都在那无语的静默之中，说出来就少了味道”。如今的大连电影市场在全中国都能排得上前10位，这座时髦的城市，在1906年就与电影开始了约会，一切由无声开始。

殖民统治大连后，日本国内有一个慈善团体叫冈小孤儿院募金团，于1906年来连举行了一场音乐电影会。放映的是纪录短片，有人物出场，但无声音，用简单文字说明。老百姓甚感新奇。因为银幕上出现的人和活人一样，但又不说话，老百姓便给它起了一个外号叫“活见鬼”。有人解释说：“鬼是看不清一晃而过，没有声音，而影片中的人不说话像鬼一样，但又不像鬼，看得清清楚楚，活灵活现，因此是个‘活鬼’，看活鬼表演，所以叫它‘活见鬼’”。

这“活见鬼”叫开之后，市内各茶园、剧场经常放映这种无声纪录片“活见鬼”，老百姓对“活见鬼”并不怕，越看越有味。于是有人提出不能再叫“活见鬼”，应该叫“哑巴电影”，但又有人出来更正，说“哑巴电影”的称呼不文明，应该叫“无声电影”。

中国人叫它无声电影，而日本人却叫它“映画”，1909年，常盘桥（今青泥洼桥大公街）的电气游园（今森林动物园前身），把原来的陈列馆扩建为专门放映无声电影的专业馆，改名电气馆，对外售票，营业很火爆。

1914年，无声电影的情节展开、人物表演、字幕说明较前大有提高，但由于无声的缘故，老百姓总感到不满足。1921年，小岗子（今西岗区）的宏济街有一家名为“世界观”的剧场，是当时华商开设的宏济善堂集资兴办的。剧场放映的无声电影，有《小天使》《再生花》《贵人与犯人》等影片，一般票价为五分，为贫苦市民设专场时则分文不取。

世界观剧场开业后，经常改名，先后称世界大戏院、新世界大戏院、华北大戏院。1945年大连解放后，该剧场由市总工会接收，改称职工俱乐部、店员俱乐部。1955年改名和平大戏院，1960年改名前进大戏院。1969年，因年久失修，剧场宣告停业。

### ▼公谊映画馆专门放映中国影片

上个世纪30年代末，中国电影开始进入有声电影时代。

虽然不再播映电影，但“东风电影院”几个字仍留在建筑上。

在大连，最早引入有声电影的是日本人开办的电影院。日本人在大连开设的电影院最早的是哪一家？据查，是公谊映画馆，成立于1927年。其他还有中央映画馆，成立于1928年；日活映画馆，成立于1929年；太阳映画馆，成立于1930年；松竹映画馆，成立于1931年；文映映画馆，成立于1932年。在日本殖民统治时期，大连共有影院15家，其中日本人占了10家，也就是说当时大连电影业三分之二是日本人的天下。

日本人开设的电影院，占据地理优势，都在大连市中心的西广场（今友好广场）、浪速町（今天津街）一带，这里是全市商业中心地段，所以营业额（又称票房）是很大的。其中的中央映画馆（今进步电影院）卖座之盛，居东北地区第一位。关于这家影院，还有一份史料说是成立于1931年，为什么有两种说法？据老影迷讲，影院在1928年开业之后，于1930年停业扩建装修，1931年重新开业。

这家电影院的建设由日本著名的设计师监工，选料不惜代价，既坚实耐用，又美观。这座建筑历经80多年风雨沧桑，如今仍屹立在友好广场，在考古普查中，建筑质量受到文物保护机构好评。

日活映画馆（后改名虹霓电影院）和太阳映画馆（今友好电影院，曾一度用过中苏电影院之名），这两家日本影院规模也不小，设备也不错，但与进步电影院相比，明显要差得多。进步电影院和虹霓、友好三家影院，主要放映日本影片，有时也放映英美法影片和苏联片。

在30年代放映中国上海出产的影片，他们是受到大连东部的公谊映画馆的影响。公谊电影院原是华商永乐茶园的落脚点，地处今海军广场春和社区新柳街。在日本殖民统治时期，这里叫千代田町，距离大连港很近，由日商相生由太郎控制。

相生由太郎是一名中国通，他办的企业也用中国银元作资金。1923年大连殖民当局实行“金建制”，相生的利益和华商一样受到严重影响，他不顾殖民当局的警告，竟和华商商会会长郭精义一起组团去日本东京向天皇请愿。最后把大连的日本头子调走，取消了金建制，相生也取得了华商的好感。

由于相生深知中国文化与中国人心理，公谊映画馆由放映日本电影逐步转向放映华人电影，最后成为专放中国影片的日本影院。

上个世纪30年代上海开始生产有声电影后，中国影片产量激增，有名的女影星阮玲玉红极一时，大连金州的第一家药店德记号，曾请阮玲玉做代言人。公谊映画馆大放阮玲玉主演的影片，吸引了大量观众，达到一票难求的地步。相生很会做买卖，让影院每天早晨六时、晚上十时加放两场，以满足影迷的要求。一时间，公谊映画馆的名声，超过了日商创办的中央、日活、太阳三家影院。

## ▼公谊映画馆领军全市电影业

公谊映画馆放映阮玲玉主演的影片取得好的票房后，使得其他影院也开始关注中国影片。寺儿沟一位老太太看了阮玲玉的影片后，连声感叹“阮玲玉真如一块美玉”。从此，这位老太太也成了电影迷。

不仅中国人爱看阮玲玉的电影，日本人也爱看阮玲玉，中央映画馆等影院因放映中国影片，票房也大有好转，后来甚至与公谊映画馆不相上下。一代红星阮玲玉自杀身亡后，大连各影院没有新片可放，每天都放阮玲玉的旧片，依旧天天爆满。但很快，公谊映画馆开始转向新星胡蝶、金嗓子周璇的新片，大放特放。胡蝶的美丽与演技，周璇的又演又唱，把大连的影迷们看得神魂颠倒，影迷们还购买留声机专放周璇唱片，边学边唱。

当时，公谊映画馆每一步都走在其他日商影院之前，公谊放映胡蝶、周璇

东风电影院原址已变成公寓、旅社

影片，中央、日活、太阳也跟着放，当时大连的影院营业步调，基本就是这样的走势。

日商影院的票价是一角钱，华商影院的票价是五分钱，这个数目在今天看来微乎其微，可对于当时老百姓却不是小数。工薪阶层收入一般都是每月十几元，贫困户每月救济金只有一元到二元，对这些人来说，看电影是一次奢侈的消费行为。但由于阮玲玉等明星家喻户晓，当时又没有电视，人们为了看阮玲玉，只得勒紧裤带上电影院。看过阮玲玉影片的人说：“没看之前没有啥，可看了之后，要是再不看，人实在难受，像丢了魂一样迷糊，连饭都不想吃……”

上世纪40年代，太平洋战争爆发，日伪方面也成立了影业公司，所出影片都是宣传片，宣扬日军的“战功”，但没有人去欣赏。只有李香兰演的艺术片在大连还有些市场，影片中有一首《卖糖歌》流传较广，但因其思想性差，有日寇麻醉中国人之嫌，中国有识之士群起抵制，影院营业也一落千丈，直至日寇投降前夕。

## ▼东风电影院旧址应当保护下来

1945年大连光复后，日商影院中央、日活等由苏方接管，改名为“谢瓦斯特波尔”等，不久又移交给中方，改称进步电影院、虹霓电影院。公谊映画馆先改称东明电影院，后改今名东风电影院。西岗的华商影院，由市总工会接收，其中和平大戏院维持时间最长，直到"文革"前夕才停业。原在上海的进步影星白杨、舒绣文、金山等回到了上海，新片《一江春水向东流》《乌雅与麻雀》等也迅速传到了大连，由进步等影院带头放映。

此时，寺儿沟地区的商业已不像以前那样兴旺了，新进大连的影片，一般是市中心进步等影院先放，处于寺儿沟地区的东风是二轮放映，过去排队购票的风光一去不复返了。

东风电影院是大连放映有声电影的老影院，在大连电影业发展史上起过一定的作用。但这家已有八旬高龄的老影院如今却改做他用，开了一家公寓旅馆。原因是东风电影院在改革开放初期，电影业处于低潮时，它不像进步等影院能坚持、顶住和创新，而在1984年停业了。这个曾经风光一时的电影院，离开了大连的影业队伍。

东风电影院停业后，也想寻求资金、物力、人力支援以重出江湖，再创辉煌，可事与愿违，一直处于困境。不得已，为求生存，开了一家公寓式的旅社，人们现在所能看到的是东风电影院的旧址，保存得还很好，特别是外墙是一片新刷的橙红色，在众多居民楼的包围中看起来很显眼。整个建筑约有1200平方米。由于当年修建时举架过高，三层建筑却有五层楼的高度。它的北侧主体建筑分为上下两层观众席。东风电影院从外面看，似乎很年轻，但到里面一看，因年久失修，破坏得很严重。原来的屋顶是木质结构，无法通过消防安全检查。现在由旅社经营者安装上钢架结构的屋顶，内部间隔成好几块，已非原样。一楼大厅和三楼的放映室，已出租给外来的打工者，仅容一人通过的小楼梯是木制的，人们上下楼时，不时发出吱呀吱呀的响声，红色的油漆早已剥落。

目前，有关部门在考古普查中，已将东风电影院列入考查名录，希望能批准为大连文物保护单位。

东风电影院是大连影业历史发展的珍贵见证，人们希望它能得到应有的保护。作为大连影业史上起过重要作用的电影院，如果其旧址能成为文物保护单位，当是滨城影界的一桩幸事。

# 人民文化俱乐部

## 星光熠熠的舞台

在大连中山广场，有一座著名的演出场所，它就是“人民文化俱乐部”。

从1951年建成至今，人民文化俱乐部走过了一甲子的风雨沧桑，演绎着属于自己的故事。

## ▼自力更生建人民文化俱乐部

中山广场上，金融大厦林立，CBD风范尽显。各大银行在这里都占有一席之地，是名副其实的寸土寸金之地。就在这一片群雄争先之地，有一好去处，与群雄并立，但却与汇率、牌价各种数字都无关，它隐去了银行卡的刷卡声，消弭了竞争的压力，自成一派，悠然自得，这一去处就是人民文化俱乐部，中山广场九大建筑中唯一的一处文化场所。

在中山广场的建筑中，人民文化俱乐部建成于1951年，是真正的小字辈。在日本殖民统治大连时期，人民文化俱乐部所在的这块地一直是一块荒地。1940年，日本殖民当局拟在此再建一座新大楼，完成大广场的预定计划。但不久后爆发的太平洋战争，让日本侵略者在前线节节败退，大连的经济恶化，这座新大楼的建筑计划只能搁置起来了。

1945年8月，日本投降，大连解放。又四年，中山广场上的那一块荒地依然荒着。新中国成立后，大连人民政府就想着在这块空地上建一座大楼，时任大连市市长的毛达恂很快批准了这一计划。经济形势刚刚好转的大连，就开始自力更生在中山广场上建设新大楼。

## ▼郭沫若题字，天桥杂技团首演

1951年5月，新大楼竣工，毛达恂当时已调任大连港港长。他写信给中央人民政府交通部秘书马列，托他请周恩来总理题字。毛达恂派他的司机汪发成专程去京送这封信。因周总理公务太忙，改请郭沫若同志题字，郭老高兴地写下“人民文化俱乐部”七个大字。接着毛港长又趁去北京开会的机会，请天桥杂技团来大连，在人民文化俱乐部做首场献演，并连续半个月，场场爆满。

1953年，周恩来总理率中央人民政府代表团在大连人民文化俱乐部举行盛大国宴和慰问活动。宋庆龄、彭德怀、徐向前等领导人曾多次陪同外国贵宾到这里观看演出。1972年，徐向前副委员长陪同柬埔寨国家元首西哈努克亲王在此观看演出。当时，人民文化俱乐部成为接待高级贵宾的所在。

## ▼众多大腕云集

1952年的春节，著名艺术家梅兰芳先生在除夕时赶到大连，为大连人民演出。在梅兰芳来之前，著名艺术家李少春、袁世海曾在人民文化俱乐部合作演出了《野猪林》。梅兰芳演出的票价贵

大腕云集的人民文化俱乐部

了一些，但还是一票难求，原定演出12场，不能满足需要，又加演了8场。梅兰芳是名人，但他每次到俱乐部，都对工作人员甚至保洁人员亲切地说：“辛苦了，您受累了！”

同年，又一位京剧名家荀慧生在此演出京剧《红娘》。1953年，程砚秋在此演出京剧《锁麟囊》，徐玉兰、王文娟演出越剧《红楼梦》。1954年，常香玉在此演出豫剧《花木兰》。不久，俄罗斯杰出的芭蕾舞大师加林娜夫妇、乌兰诺娃等都先后来人民文化俱乐部演出。人民文化俱乐部声名鹊起。

改革开放后，演出开始多样化，商业演出初现苗头。1992年，中国京剧团和日本新制作联合演出《坂本龙马》，与日本四季剧团合演了音乐剧《李香兰》。

1995年，人民文化俱乐部进行内部改造，演出品位大有提高。但基本上只接待国家级剧团和外国剧团，并开始举行每年一度的大型新年音乐会。

## ▼女帅掌印节节高

如今，人民文化俱乐部的负责人叫张荣荣，一位美丽女士。2009年4月，她接掌人民文化俱乐部经理一职。彼时，人民文化俱乐部远不及今天之红火，只是承接一些小型的演出和大连市政府的一些会议。上任之初，张荣荣就想改变这种局面，她的突破口放在了话剧这一传统的演出形式上。她和几位朋友一起搞起了话剧节，拉来赞助方万科地产，没承想话剧节一口气连搞了四届，成了大连话剧的崛起之战，不仅带活了人民文化俱乐部，也让大连这一时尚城市的文化氛围有了质的变化。用张荣荣的话说："现在咱们大连的话剧演出市场仅次于北上广和深圳了。"

虽然这四年一路走来，几多艰辛，但张荣荣一直坚信：话剧在大连肯定行。想起2009年4月，张荣荣走进人民文化俱乐部，成为了这里的女管家，当年7月，她接了第一个话剧。"相信吗，第一场大幕拉开，台下一共才坐了270多人，这其中还有一百多是我送的票。当时站在偌大的剧场里，我心里的滋味别提了。"张荣荣说，刚开始她都替台上的演员捏了把汗，但是很快她的想法变了。"掌声不断啊，这270人的掌声甚至超过了我们满场时1000多人的反响。一场戏下来大家鼓了多少次掌我都数不过来了。特别是演员谢幕时，观众们都站着，久久不愿离开。散场时，好多观众议论说，太好了。我当时心里就有了谱，话剧行，话剧在大连肯定行。"

2009年12月，万科首届话剧节诞生，《我不是李白》《同桌的你》《空中花园谋杀案》相继在大连上演，可以说是引爆了大连的话剧市场。2010年，张荣荣看准了话剧市场，除了话剧节之外，还请来了宁财神的三部曲、《我爱桃花》等国内最火的剧目，这其中既有爆满的场次，也有惨淡收场的，她和她的团队也在其中慢慢汲取经验。

2011年，张荣荣又将《白玫瑰与红玫瑰》《夜店之天生绝配》这些针对年轻人的剧目引到了大连。之所以选择这样的剧目，是因为大连的观众群是70后和80后这批年轻人，而现在的年轻人生活压力大，他们需要这样题材的剧目，不仅能够帮他们解答一些人生的迷惘，而且还能舒缓压力，一举两得。

## ▼濮存昕等大腕齐现人民文化俱乐部

张荣荣的人生注定与舞台难分难舍。"与舞台打了这么多年的交道，那份情，那份责任感，逼着我从来到俱乐部的那天起，就下决心要把这里管理好，不能让舞台上的演员失望。"

"我设立了迟到席，来晚的观众就在最后一排就座，不能打扰演出；1米3以下的孩子坚决不允许进入场内听音乐会，否则会影响演出；演出时，侧门坚决不能开，上厕所必须走剧场后面的门，因为我也曾经是名演员，我知道侧门打开时的那束光，会影响到演员的演出。在开场前和中场休息时，我们还会播放如何欣赏音乐会的小常识，告诉大家什么时候该鼓掌，可能一开始听起来有点奇怪，但是确实很有效果。"张荣荣说。她事无巨细，连厕所的卫生她都盯得紧紧的，"既然大家买票来看戏，就要有个好环境；既然我们请了演员来，就要尊重别人的演出。有许多规定观众一开始不理解，但是坚持了，你耐心地去解释，观众会慢慢接受，形成习惯。"

几年来，张荣荣和她的团队付出了很多，也收获了很多。2011年夏天，当濮存昕、高亚麟携话剧《说客》来连时，人民文化俱乐部得到了最大的肯定。"第一场演出结束后，我和演员们一起吃饭，濮存昕对我说，大连的观众真懂戏，让我感到特别的欣慰。"张荣荣说。当时高亚麟特别高兴，"知道吗，之前我们在天津演出，演出都演到15分钟了，还有人进来找座位、打电话，我特别气愤。在大连演出之前，我就和濮存昕说，哥，如果大连15分钟了也这样，对不起，我不演了。当时濮存昕还劝我说，别，我们得有我们的职业道德。但没想到，大连的观众真好，大连人懂戏。"

张荣荣说，《说客》来连是国家话剧院第一次和大连观众见面，在演出期间，剧组要借场地排练其他的话剧，她欣然同意，为剧组免费提供了最好的排练场地。"当时他们就说大连人真好，在外地都是要收费的。"张荣荣说，就这句大连人真好，让她感到高兴，"我们希望每一点付出都为大连加分，也会和演员们结缘，让他们更愿意来大连，为观众献上好戏。"

张荣荣说，话剧《夜店》的成功推广让大连的话剧演出市场又再上了一个台阶，"现在好多企业来找我包场，决定把每年吃吃喝喝的年会改成包场看话剧。"一个小小的文化现象背后有着大内涵，其中关节要细细品味。也许十数年后，零零后们会将人民文化俱乐部做为他们心中的一个"圣地"，陪伴他们儿时欢笑的地方。也许有一天，这一处小小的文化俱乐部在大连的地位就相当于北京人艺在北京人心中的地位。

# 宏济大舞台

## 靠大连第一支彩票修建

宏济大舞台并不是一个新名字，这个百年老建筑在上世纪30年代就叫宏济，与其所在的民主广场、与广场上的电车几乎同龄。

宏济大舞台，坐落在民生街59号，是民生街上的一个重要存在，之前这里叫做人民剧场，叫了好多年，40岁以上的大连人都知道它。对于这些人来说，那是儿时嬉戏的地方，是少年时听戏的地方。

2009年，民生街进行了搬迁改造，许多老房子被扒掉了，但人民剧场保存了下来。重新装修之后，这里成为了大连京剧团的一个重要演出场所，每天晚上，灯火辉煌，生旦净末丑，名家聚集，自有一番风流。

宏济大舞台并不是一个新名字，这个百年老建筑在上世纪30年代就叫宏济，它的创建与一个人，与大连第一支彩票有着莫大的关系。如今让我们把记忆延伸，穿越时代，穿越世纪，看一看百年时间，宏济一路走来，经历了怎样的人世变迁。

## ▼105 年来有 7 个名字

如今的宏济大舞台，与1908年初建时相比，只有门脸的部分是原装，除此而外，其里面的所有部分都是重新装修的。从1908年算下来，今天这里已经有105岁了。

105年间，这里曾经有过很多名字，最初的名字叫天福茶园，三年后的1911年改名为保善茶园，不久之后又叫永善茶园。1934年前后有过一次改建，然后又把名字改为宏济大舞台。1945年大连解放后，这里被公安局接管，1949年又改名为公安俱乐部，1952年改名为旅大市评剧院，1963年改名为人民剧场。到了上世纪80

宏济前身永善茶园（1911 年 8 月）

宏济大舞台

年代末90年代初，人们大都不再进剧场看戏，顺应着时代的潮流，这里的成了一个大舞厅，成为人们饭后休闲的一大去处，百年老建筑被七彩的霓虹灯所掩映。算算这百多年来，它竟有过7个名字。

宏济大舞台是一座混合了欧洲中世纪和古希腊、古罗马风格的建筑。它有着很好看的外观和内饰，看上去很华丽。没有装修改造之前，剧场里还依然能够看到以前的样子，地面铺着欧式红漆木制地板，四周有着包厢似的看台，天棚的四周装饰着石膏棚线。儿时起就居住在这里老刘说，小的时候这剧场的外面有很多的小摊，烟摊、瓜子摊、小吃摊，还有很多人在这里下棋，从小他们就在这里跑来跑去，是听着剧场里传来的戏曲声长大的。后来到了上世纪90年代，这里不再唱戏了，而是改成了舞厅，可以跳舞，也可以点些茶点酒水。似乎无论时代如何变迁，这里都是这个城市最热闹的娱乐场所，无论它叫什么名字。

### ▼修建资金源自大连第一支彩票的赢利

在叫公安俱乐部以前，它的名字无论怎么改，都有一个“善”字，或“济”字，这与它的出身有关。这里不得不提到两个人——刘肇亿和郭精义，他们两人曾经是大连华商公议会的正副会长。

大连在俄占时期，就成立了洼口公议会，即大连市商会的前身。1905年之后，日本将大连据为殖民地，洼口公议会也就改成了大连华商公议会。刘肇亿、郭精义同列当时大连的华商八大富豪之内，在大连商界拥有举足轻重的地位。

说起刘肇亿，在当年的大连商界绝对是个叱咤风云的人物。刘肇亿是烟台市的大富商，来大连前他的名字是刘兆伊。1851年，刘肇亿生于山东省登州府福山县奇山所村。父亲刘和轩在烟台经商，家中生有两个儿子，刘肇亿为长子。刘和轩不幸中年早亡，临终前曾嘱咐刘肇亿求得功名，光宗耀祖。但父亲逝世后，家中生计困难，无法再念书，刘肇亿辍学去烟台从商，挣钱养家，助弟刘兆传读书求功名，以慰父愿。至1878年，27岁的刘肇亿已经富甲烟台，被选为烟台商会会董。

1899年沙俄强占大连后，沙俄殖民当局为求工商业繁荣，公开向外招商引资。刘肇亿就在这种历史背景下前来大连投资。当时的俄国驻军司令部首席通译官、大买办商人纪凤台，实际上也是沙俄殖民当局在大连的代理人，他与刘肇亿都是商界精英，兴趣相投，成为好友。纪刘两人合作在旅顺开了一个木材商行，从大小兴安岭低价收购木材，运至旅顺口，再向山东、河北等地区出售，刘肇亿在大连就此发家，成为沙俄殖民统治下旅大地区华人富豪之一。

洼口公议会成立后，刘肇亿为常务协理（常务副会长）。不久，日俄战争爆发，俄军战败，日军接收了俄军在大连的一切权益。不久，洼口公议会改组，名称也改为大连市公议会。全体华商认为刘肇亿为华商出了很大的力，一致选他为公议会总理（会长）。

1907年，刘肇亿创办宏济彩票局，以盈余创办宏济善堂。1908年，他还开办了永善茶园，也就是宏济大舞台。

刘肇亿、郭精义谋划举办社会公益事业，苦于没有一定的基金，不能经常向各商号劝募，于是仿照当时上海市的办法，在大连发行“宏济彩票”，头奖1名，奖金1万元。彩票一发行，每期都被市民抢购一空。

还曾经有过这样一个故事，有一名黑嘴子码头苦力，买了彩票放在扁担上的布袋中，得知中了大奖，一时冲动认为今生再也不干苦力了，竟把扁担扔入海中。及至醒来方知彩票已随扁担入海，但已后悔不及，要想跳水中寻找扁担，可不懂水性，只得在海岸哭喊：“我得了头奖，但奖票随扁担落入海中了，谁能下海寻找奖票，我愿与他各得五千元（平分）。”一时间跳海寻票者达数十人之多，可谁也没寻到。

宏济彩票办了好多期，盈余了不少钱，后因殖民当局眼红而被禁止。刘肇亿、郭精义就用彩票盈余款创办了慈善机构——宏济善堂，免费为贫困户养老送终。宏济善堂在西岗区盖了900间民房，每月收取租金，充作公益之用，又在奥町（今民生街）仿照上海大世界大舞台，建起了一座漂亮的大戏院，以票房收入维持公益事业所需。这座建在奥町的大戏院就是宏济大舞台，现在的人民剧场。

宏济大舞台建在商贸中心奥町，很快成为全市最大的戏院，民生街也成为了当时全市文化娱乐中心。

1914年，大连公议会换届选举，在日本殖民当局的干预下，刘肇亿当选已无可能。爱国华商们保护刘肇亿安全撤离大连，回福山老家养老。刘肇亿离连时，将个人财产全部交给侄儿刘仙洲继承。当他在大连港启程回乡时，华商万人送行，场面之热烈，可谓空前。

上世纪20年代，年逾七旬的刘肇亿在睡梦中安然离世。

## ▼宏济大舞台名角频现

早期宏济大舞台的舞台为三面敞开式，观众厅设有木制桌凳，典型的茶园格局，是全市演出最高规格戏曲的重要场所。

1917年著名作家、演员汪笑侬首次来连在此演出，将其自编的《哭祖庙》作为演出主要剧目。剧情是三国末年，魏攻蜀，兵临成都城下，蜀帝刘禅主降，其子刘谌泣血谏阻，而刘禅不听，决意投降。汪笑侬扮演刘谌，唱做俱佳，引起轰动，当演到刘谌痛感蜀国将亡，回天乏力，决心殉国，手刃妻儿时，汪的台词是“国破家亡，死了干净”，观众听后都默不作声，潸然泪下。

这两句台词在当年日本殖民统治下具有较深刻的影射意义，在大连人民心灵中，产生了共鸣，有了这样名角的演出，茶园卖座大好，每场都爆满，既获得公益基金，又侧面宣传了爱国思想。

1925年1月，我国著名现代剧作家、表演艺术大家欧阳予倩从上海来连到永善茶园，先后演了《人面桃花》《徽钦两帝》《卧薪尝胆》《黛玉葬花》等剧目，大受观众欢迎，可谓座无虚席，直到3月4日离开大连去奉天，这一引起大连观众心灵震撼的演出高潮才告平息。

欧阳予倩的演出剧情从侧面展现了民族的气节，许多台词都含有国破家亡的伤痛之情，当时作为亡国奴之大连人能没有感触吗?

欧阳予倩在新中国成立后出任中央戏剧学院院长，曾来大连剧院视察，受到大连人民的欢迎。故地重游，大连已经是一派新气象了。

1931年，永善茶园进行扩建改造，总面积为4789平方米。舞台口高10米，宽15米，深12米，舞台空间高15米，上

宏济演出剧照

下场门副台面积均为20平方米，乐池20平方米，观众休息室480平方米，化妆室3间，观众座席1350个。1934年正式开业，命名为宏济大舞台，以纪念宏济彩票发行之深远意义。宏济大舞台扩容后，楼上设花楼、花厢、包厢、散座，楼下设花厅、官厅、正厅和散座，一跃成为东北地区最高级的大戏院之一。开业之始，有当红名伶汪文云、赵如皋等人在此演出。此后，名扬全国的演员盖叫天、周信芳、蓉丽娟都曾来此演出。

如今的宏济大舞台早已经超越了上世纪30年代的规模，甚至每个月都有现代京剧名家的演出，场场爆满，一票难求。这个有着百余年历史的大舞台与民主广场、与广场上的电车几乎同龄，令人不得不感叹，历经岁月繁华，风雨洗礼，能够留存下来的，都是一个城市千金不舍的家底。

# 大众书店

## 东北地区第一个出版“毛选”的书店

大众书店的经营方针是“取之于读者，用之于读者”。书店门上特别醒目地挂上了一块毛主席题词“为人民服务”的横匾。

1945年8月大连解放后，6位具有初步马克思主义思想的年轻人，为粉碎国民党的谣言攻势，集资创立了大众书店，又开办社会科学研究会讲座，大力宣传马列主义和毛主席著作成绩显著，使大连人民的政治思想发生了根本性的变化。1946年，大众书店又最先出版《毛泽东选集》。

后来大众书店职工送派克钢笔和金表给毛主席和朱总司令以表敬意，毛主席回信传到各解放区，大众书店的知名度也远播到全国了。

## ▼开办书店，宣传马列主义

1945年8月15日，日本投降，大连解放。饱受异国侵略者奴役之苦的大连人民，一旦获得解放和自由，精神状态有了很大改变。过去是“莫谈国事”，现在是对政治很感兴趣，苏联与美国，中国共产党和国民党，成为很多人闲谈的热门话题，都关心中国今后的命运。在这种情况下，白全武、车长宽等人认为必须立即行动起来，宣传马列主义，宣传共产党的方针政策，争取广大群众正确认识中国共产党，反击国民党的各种谣言，清除错误的所谓“正统”观念。

当时，大连的一些国民党员，利用大连人民对中国实情缺乏了解的机会，在社会上大肆活动，向群众灌输国民党的“中央军”的“正统”观念，胡说什么“中央军快要来接收了”。一些老百姓信以为真。白全武等为了粉碎敌人的阴谋，急于筹办一个工作据点，以便大力开展工作。白全武等六人互相商量了一下，便决定开设一家出版进步书籍的书店，再办一个以研究社会科学为名，实际上是宣传马列主义的群团组织，名为“大连社会科学研究会”。

开办书店，不是一般的卖书，而是要出版新书，宣传中共的政治思想。这首先要有一笔资金，幸而得到党外进步人士车升五（车长宽的哥哥）的大力支持，由他负责找店址和印刷厂等出版事宜。1945年8月下旬，“大众书店筹备处”的牌子在西岗区长生街13号挂了出来。

白全武等人手中有一些马列主义的经典著作，还有一些日本进步学者和美国著名作家史沫特莱的著作等。这些书不多，尽量把不需要翻译的先出版应市，如艾思奇的《大众哲学》，张仲实、平心等人的著作，很受群众欢迎。特别是《大众哲学》一书，通俗易懂，而由大众书店出版，人们都认为艾思奇这位著名哲学家和大众书店是一家人，由是提高了大众书店的知名度。

《大众哲学》是学习马列主义的入门书，因此销路很广，对人们的政治思想的影响也很大。其次如张仲实的《政治经济学》、平心的《论青年的修养》、孙中山的《三民主义》，这些书，大连人民从来没看过，书刚上市就形成了抢购的局面。由于书店营业情况很好，在市内站稳了脚跟，并以此为根据地，开展党的一些其他活动。

## ▼设立讲座，主讲毛主席著作

白全武等人精心策划的大连社会科学研究会也成立了。活动的主要内容是开办讲座，为群众上课，灌输马列主义思想。上课的教材是根据当时形势需要，重点讲授毛主席的《新民民主主义论》，并由此向群众指明中国的革命前途。车长宽、方牧主讲艾思奇的《大众哲学》。讲完后，还有座谈讨论。

大连社会科学研究会讲座办得很成功，吸引了广大人民群众前来参加，多时达到一百多人。不仅有市内的，还有从旅顺、金州、新金（今普兰店）赶来的大批年轻人。

当时国民党的宣传攻势看似猛烈，而实际上其宣传内容除了谣言，就是骂人，既无理论根据，也无吸引人的有价值的东西。他们每天狂叫“中央军来了”，可中央军就是无法进入大连，老百姓也听厌了。这时，大众书店的工作人员增添了不少，每天深夜出动，到市内各处繁华街头张贴醒目标语，上写“拥护中国共产党，热烈欢迎八路军”。天一放亮，人民群众发现标语，奔走相告：“真的，八路军来了！”一时间大连人民精神振奋，而一贯捏造谎言的国民党则惊慌失措地打听：“怎么，八路军真的来了?这不可能啊……”

这时，大连总工会成立了，唐韵超、张洛书等领导人来书店慰问和指导工作。书店在各方面的积极活动，引起了苏联友军的高度重视。有一天，书店突然来了几名苏联军官，在书店东看看、西望望，没讲什么，临走前拿了几本书，有一本是日文版的《列宁传》。隔了一阵子，苏军方面也没有什么动静。

不久，中共从延安和沈阳派到大连一批干部，都到书店参观。书店工作人

大众书店

1989年夏天，在大连棒棰岛宾馆，当年六人小组的部分成员聚在了一起，与老领导韩光合影留念。前排左起：于明、韩光、沈涛；第二排左起：刘汉、林针、罗鹏、方牧；后排左起：陆毅、吕广祥。

员看到他们，犹如见到亲人一样高兴。韩光、沈涛、张致远等领导人也光临书店慰问大家，了解情况，并鼓励同志们要再接再厉地干下去，创造新成绩。

韩光等人还带给书店一份《中共中央对目前时局的宣言》，书店决定印刷一万份，向社会散发。可当时书店还没有自己的印刷厂，出版书刊都是临时寻找印刷厂， 车升五跑了不少地方都未找到。最后，意外地在民主广场东侧发现有一家已经停业的“昭和印刷厂”，没有工人，只有一名日本老人看门，他执意不肯开动机器。书店动员了大批同志，终于说服了老人，由书店工作人员自己动手开工印刷。一直干到天亮前，1万份《宣言》全部印毕，又马不停蹄地在全市张贴和向群众散发。当天中午，书店派人出去观察群众反应，发现群众在一传十、十传百地奔走相告：“这回，中国共产党确实到了，看来人数还不少呢……”

经过一再反击国民党的谣言攻势，广大人民群众明白了时局真相，都向往中国共产党，国民党拙劣的谣言彻底破产，其宣传阵势也烟消云散了。

1945年10月，韩光到大众书店筹备处会见了白全武、车长宽、刘汉、林针、方牧、吴滨等六人，肯定了他们的工作。10月22日，正式批准这六人入党，入党介绍人是沈涛和张致远两人。并成立了党支部，这是大连解放后，成立的第一个党支部。

### ▼大连被称为“文化小延安”

入党后，筹备处的六人，分别参与了其他工作，大众书店的工作就交与车升五负责了。

大众书店在宣传阵线取得胜利后，张致远和沈涛等革命干部又带来了毛主席的《论联合政府》、朱总司令的《论解放区战场》等重要著作，书店立即翻印1万册。广大读者见后如获至宝，竟抢购一空，大连市民对共产党的看法，发生了根本性的变化。

1947年春，从山东来连一批干部，是华东局奉中央命令抽调200多名干部支援大连的。其中徐澄波原在苏北淮阴华中新华日报印刷厂任厂长，到连后被分配到大众书店任副经理，协助经理车升五开展工作。

由于当时党在大连还没有公开活动，徐澄波来书店工作，为避免引人注意，表面上佯装成是上海来的商人，是一位民主人士，穿西装，使人相信他不是中共党员。而实际上他还担任着书店党支部书记。之前，著名作家柳青从延安来连，就到书店担任党支部书记，但柳青忙于小说《种谷记》的写作，因此徐澄波到来后，柳青就不再担任支部书记了。

大众书店的中共党支部，人数多，任务也重。当时，另一家进步书店——光华书店的党员，如经理邵公久等也在大众书店的党支部过党的组织生活。这时的书店，已在中共大连地委的宣传部直接领导下工作，出版和发行的书籍，有毛主席的《新民主主义论》《论联合政府》，朱总司令的《论解放区战场》，又新增了《人民公敌蒋介石》《新人生观》等。凡是从延安和各解放区出版的书，只要能收集到，就立即翻印出版。所以当时各地都把大连称为“文化小延安”。

大众书店的经营方针是“取之于读者，用之于读者”。书店的规模不断扩大，有了自己的印刷厂，并在旅顺、金州、新金开设了分店。书店门上除了大众书店的招牌外，还特别醒目地挂上一块毛主席题词“为人民服务”的横匾。书店热情为读者服务，不仅在门市售书，还有针对性地把新书送到工厂、机关、学校等单位，深受各界读者欢迎。

书店还进一步发展租阅连环画、小人书的业务，这些小人书如《白毛女》、《血泪仇》、《刘胡兰》等，思想性强、生动活泼，吸引了广大小读者。只要付一元钱，孩子一个月就可以看30本小人书，使孩子们能不断地看到新书好书，学到了革命的道理和各种知识，还为家长节约了开支，孩子高兴，家长满意。据群众反映，对这些小人书，很多文化不高的成年人也争相翻看，有的人还购买一些保存下来，留着经常看。因此小人书由租阅扩大为大量出版，营业额很大，这也是推动文化大众化的很有意义的工作。60年过去了，人们还在搜集当年的小人书，但已“一书难求”了。

### ▼最早出版《毛泽东选集》

大连解放后，从延安和各老解放区带来不少毛主席著作的单行本，这些书纸张差，印刷差，一般不易保存。大众书店考虑到大连有较好的纸张，印刷条件也比各解放区要强得多，为此就想把搜集到的毛主席著作单行本集中起来，编印一本毛主席著作合订本。这个想法得到地委宣传部长的同意和批准，于是将毛主席的著作按发表的年月顺序编排归拢在一起，于1947年秋出版发行了《毛泽东选集》，封面红布烫金字。

之所以叫“选集”，是恐怕收集到的毛主席著作不全面。但红布烫金的书成本高，一般干部群众很难买得起。为此，书店在春节发行年画，在每张年画上增加几厘钱，从中增收了一笔钱，用来补贴《毛选》，降低售价。此书一上市便轰动全城，很快销售一空，广大读者纷纷要求再版。此书又流传到各解放区，各地也来电来函要求续印。各地读者反映：大连不愧是文化小延安，有名有实。

当时，哈尔滨也是新解放的城市，但由于长春、沈阳还没有解放，出版新书感到困难。大众书店知道这一情况后，将新书每种多印一部分送往哈尔滨出售，以满足北满广大干部群众的需要。1947年冬，利用苏联货轮由朝鲜来回运粮的机会，大众书店又通过苏联货轮运去一批书籍。送到朝鲜咸兴时，办了一次书籍展览，其中最引人注目的是大连新出版的《毛泽东选集》。

大众书店1947年出版的《毛选》，是被人们公认的新解放区（始于1946年）最先出版的一本质量较好的《毛选》版本，受到中央的表扬和重视。此前，1944年，老解放区的晋察冀边区晋察冀日报社社长兼总编邓拓曾经编印过一本“毛选”，但因时间较早，收集的毛主席著作的数量当然比不上1947年的大连版本。大连版本被人们视为珍本，在民间流传的被看作“稀世之宝”。

大众书店开业时间不长，但营业情况较好，有了一笔利润，职工生活也大为改善。于是店中同仁想到，各解放区人民物质生活艰苦，大连是唯一的特殊新解放区，生活条件较好。在这种情况下，大家都想到了敬爱的毛主席。为了表示一点心意，书店特地选购了最好的派克钢笔一支和高档金怀表一块，和书店新出版的精装本《全国分省地图》两册，送给毛主席派克钢笔和地图，送给朱总司令怀表和地图。

大众书店的礼品派人送出不久，1947年11月23日，书店惊喜地收到毛主席的回信，信中写道：“大连大众书店同人自治会、大众印刷厂全体职工同志们：你们送来的钢笔、表均已收到，谢谢你们的好意，并致同志的敬礼。”信末落款的“毛泽东”三个大字特别醒目。书店把这封信送到报社放大刊出，立即轰动全市，成为特大新闻。此后，各解放区报刊先后转载，大连大众书店也就名扬全国了。

1949年9月，新中国成立前夕，北京召开了第一次全国新华书店代表会议，大众书店代表徐澄波赴京出席了大会，并在中南海受到毛主席的接见。1950年1月，大众书店又出版《毛泽东选集》，分上下两册，布面精装，近2000页，约140万字，共印5000套，各地纷纷来信求购，很快销售一空。1951年，旅大人民出版社成立，大众书店撤销了编辑部。不久，大众书店与全国新华书店合并，改名为大连新华书店，完成了历史性的光荣任务。

# 周家炉

## 敢与日寇抗争的民族企业

从西岗大龙街小巷中的小小铁匠铺，发展成为东北地区有名的大型铁工厂，周家炉的成长过程，就是不断与殖民统治者斗争的过程。

1907年春天，大连小岗子（今西岗区）大龙街一带已经聚集了许多商铺。其附近小巷中有一家小小铁匠铺，专事制造马蹄掌铁、四轮马车和马车修配，店号虽小，买卖却很兴旺，每天上门要求订货和修车的人很多。店主人是周家兄弟俩，哥哥名叫周文富（善亭），在家排行老三；弟弟名叫周文贵（义亭），排行老四。天长日久，当地老百姓便称这家铁匠铺为“周家炉”。周家兄弟对顾客非常热诚，承做物件质优价廉，修配服务保证质量，因此生意越来越红火，开业一年多，工人数量猛增，到1908年冬，包括熟练技工在内，已达30多人，由是小小周家炉名声大扬。

周文富

周家炉开业后，周文富一心扑在制造和修配马车上，周文贵则日夜筹划业务发展，两人配合默契，店务蒸蒸日上。1910年，周家炉的营业规模日趋扩大，实际上已不是一个简单的个体手工业店铺，而是条件相当齐备的大型手工业作坊，并正式定名为“顺兴炉”。

周文贵

周家炉发展起来后，生意特别兴旺，可谓一日千里。作坊内的工人忙得喘不过气来，于是招工、添设备、扩大规模。忙碌之中，周家兄弟也在想，光靠制造马车和修配业务，生意不管怎样忙，也不会搞出大名堂。正当他俩在探索进一步扩大经营范围时，一个机会来临了。

日寇侵占大连后，为满足本国对农产品的需求，肆意掠夺我东北丰富的特产品大豆，并在大连

大连顺兴机器厂车间

利用中国的廉价劳动力，大量加工豆饼、豆油，然后由大连运送回国，另有一部分转销欧美、南洋。为鼓动华商榨油制饼，制订了一系列特殊政策。1911年以后，大连油坊业发展很快，可各油坊设备太差，以木桩、石锤手工操作，浪费人力、物力，出油率低得很。有人想到周家炉周文富的手艺很精，就去和他商量能不能为油坊开动脑筋，创造榨油机设备，周文富研究了好几个月，终于成功地试制出一台铁质螺旋榨油机。经过本市政记、顺成、晋丰各大油坊先后试用，成效非常显著，改变了生产落后状态，产量大幅度上升，不仅全市50多家油坊竞相订购，而且业务扩大到外埠，一时之间顺兴炉几十个职工忙不过来。周文贵有魄力，善于调度经营，立即扩大规模，招聘和培养熟练技工。1911年春，顺兴炉已发展到拥有200多名职工，成为一个通用机械厂。

大连油坊业华商方面全部购用了顺兴炉的螺旋榨油机，生产效率前进了一大步。但和当时日商大油坊“三泰油坊”使用的冷气榨（液压机）来比，不仅是差得多，而且是根本无法相比。华商油坊要和日商油坊竞争，必须解决设备上的落后状态，螺旋机发明者周文富，也正在琢磨如何进一步制造冷气榨。但“三泰”对这种先进设备的技术严格保密，不准中国人参观，周文富无法获得这种机器的任何技术资料。

1911年夏初，三泰油坊需要检修全厂机器设备，急需有一家工种齐备、技术力量过硬的铁匠炉来承办，找来找去找到了闻名全市的顺兴炉。双方达成协议，由顺兴炉全力承包三泰油坊的设备检修任务。

顺兴炉接受任务后，召开了核心技术骨干会议，决定趁此机会，了解冷气榨的技术秘密。并抽调蒋辑五为检修小组组长，带领技术人员深入三泰车间各个生产环节。蒋辑五将获得的技术资料随时向周文富汇报，遇到疑难问题时，周文富混在检修工人中，到三泰冷气榨机旁实地“接触观察”，日本人始终没有发现。

顺兴炉在完成三泰油坊检修任务后一个月，便成功仿制出日式冷气榨机，其质量不亚于日制冷气榨，不仅出油率高，而且价格便宜。这是油坊业中的爆炸性新闻。消息传开，外省外地油坊都来顺兴炉订货。一个手工业作坊是承担不了这个艰巨任务的，雄心勃勃且富有开拓创业精神的周文贵趁机扩大顺兴炉，增加人力，增建车间，增添设备。1911年冬，顺兴炉扩大规模，改善全厂技术装备，购置车床50台，铆焊用机床80台，全厂制造机全部更新，加添精良铣床。成立木样、翻砂、车床、虎钳、铆焊、打铁6个大车间，并有宽大的仓库，至此，已初步具备机械化要求。顺兴炉更名为顺兴铁工厂，由一个小小铁匠炉，发展到拥有700名工人的现代化大厂，这在大连是奇迹，在全国也罕见。

顺兴厂成立后，为了满足各地各厂使用仿制冷气榨的技术需要，培训了技术操作工100多名，推荐给各个用户，又制造出冷气榨的配套设备如油碾、油圈以及油坊业其他方面的设备。这一先进的仿制冷气榨设备，当时为顺兴铁工厂一家独占，产品销往全国各地。华商油坊业使用这一先进设备后，豆饼豆油产量成倍增长，获利越多，添购顺兴厂所产设备的势头便越猛烈，顺兴厂的利润也如“长江之浪，滚滚而来”。

顺兴厂是赚了大钱，但周氏兄弟的可贵之处在于，和一般资本家不同，他们不在个人享受上花钱，而是全部投资在扩大再生产上，具有真正实业家的气质。为了和日商机械行业展开竞争，周文贵于1915年亲赴日本购得最新蒸汽机运回厂内。到1917年，顺兴厂的职工总数已近千人（不包括临时工），与当时大连的“满铁”沙河口铁工厂（今机车车辆厂）、川崎株式会社大连船渠（今大连造船厂）鼎立而为大连有名之三大工厂。对周家兄弟的成就，有热血的大连中国同胞都为之高兴，民族工商业感到扬眉吐气。但这对日本殖民者来说是不可容忍的，于是一场限制与反限制的斗争展开了。

1918年前后是顺兴铁工厂发展的黄金时期。1918年春在营口设立分厂，职工人数近百。同年秋又在哈尔滨设立分厂，名为振兴铁工厂，资金20万元，职工人数超过400人，由蒋辑五任经理，主要制造油坊业机器，兼造江轮和其他机器，并开展检修业务。因深得用户欢迎，此厂成立不久，即一跃而为与和记、聚兴成、祥大等著名企业并立的哈尔滨四大厂家之一。此后周家兄弟对大连顺兴、哈尔滨振兴二厂先后又投资130多万元，使之成为东北地区有名的大铁工厂。

对此，日寇看在眼里，恨在心里，企图搞垮顺兴铁工厂。第一次世界大战爆发后，大连钢铁原料严重缺乏。周家兄弟认为，大办钢铁不仅可解决自办工厂所需之原料，而且还可支援同业。于是购运矿石、铁砂，建立大高炉，正待大干时，日方“满铁”出面阻止。一开始限制运进原料数量，不久竟变为不准运料。顺兴厂高炉被迫停产，损失达17万元。

1919年，周家兄弟鉴于西岗久寿街一带老厂房狭窄，不能适应扩大生产的需要，于是在刘家屯（今五一广场民权街道附近）购地36000多平方米，建筑面积为14000多平方米的新厂房，新建各大专业车间，准备扩大生产范围，开始造船和制造汽车。这样大规模的工业，实际上已经超越了一般通用机械行业的范围。在当时殖民统治下，兴办这样规模的重工业，如果是日本官方或日本商人，已经是一件了不起的工程，而如今创办者却是由小小周家炉起家的中国商人，这件事就轰动了大连，引起日本帝国主义极大的疑忌。先是同意建厂，接着开始干预内部事务。只准铆工、钳工等车间进入新厂，不准造船和汽车制造专业迁入，允许在原厂生产，但故意刁难，设置障碍。不久又下达命令，不准顺兴厂自行建造船坞。正当顺兴厂在艰苦条件下继续开工时，殖民当局竟自食其言，撕毁原批件，吊销了顺兴厂造船和制造汽车的许可证。殖民当局手段之卑鄙野蛮，已达到丧心病狂的地步，这对顺兴厂的事业发展无疑是沉重的打击。

但周家兄弟发展民族重工业的雄心壮志丝毫未受影响，他们仍积极改进技术，首先使用了电接焊和瓦斯焊，这在东北和大连地区民族铁工业中是第一家。除了制造油坊业所需要的成套机器设备外 ，又进一步制造矿山卷扬机、通风机、抽水机以及其他一般常用的通用机械，成为一个比较完备的现代化通用机械大厂。它是东北铁工业中最早最大的一个厂子，在东北和大连地区的铁工业中起到了先锋带头作用，推动了全东北铁工业和其他工业的发展。

顺兴铁工厂这样规模庞大的通用大厂的存在与发展，是与日本帝国主义的殖民政策极不相容的。日本人先是禁止炼钢铁，继而不准造船和制造汽车，迫使顺兴铁工厂只能修理少数海轮。 在20年代初，顺兴铁工厂的业务处于停滞状态。1920年，周家兄弟经营的哈尔滨振兴铁工厂突发火灾，一夜之间化为灰烬。此时顺兴厂的实力已无法重建新厂，只得将哈厂结束，全力维持大连顺兴总厂。此时日本的机械工业突飞猛进，顺兴厂的技术、人力在与日商的激烈竞争中已处于劣势，周氏兄弟虽全力拼搏，仍无济于事，生产开始滑坡。

顺兴铁工厂发展的危机时刻，周家兄弟考虑到1914年顺兴在抚顺合资办过煤矿，获得一定利润，便准备抽出资金转向煤矿。1922年春，经曲魁武介绍，收买了沙俄私商兴满实业公司在复州湾煤矿的矿权，价格是纹银10万两。这个矿原名五湖嘴子煤矿，地处复县南海之滨，以前由清朝贵族用土法开采，后为俄商买去，改用土洋结合法进行开采，但产量仍不高。周家兄弟接办后，改名振兴煤矿，经过曲魁武经理的锐意经营，完全采用陷落法机械开采，每井都用三四个锅炉和一两个水机，使用绞车马力。地面有50马力电机两座，并附设铁工厂、翻砂厂和机器修造厂，煤矿较之过去面目一新。日产量为600吨上下，煤质是属于第三层山西系之优良无烟煤，火力旺而耐烧，深为用户欢迎，销路特畅。为解决运煤难题，又自建小型轻便铁道，购置车辆，将原煤直接运送到复州湾码头，再利用海轮外销。1923年振兴煤矿与日本八幡制铁所签订合同，年供煤3万吨，吨价12元（日元），货款对交。此外又与日商裕和洋行签订包销合同，每年运往日本新泻等地4万吨。在国内市场，因煤质特优，出现了供不应求的局面，南北各省市竞相订购，至此振兴煤矿经营达到黄金时期。

振兴煤矿的发展，也遭遇了日本人的阻挠。当时振兴煤矿同样处于日本势力范围内，结果是日寇又开始横加干涉，指使日商轮船不准把煤运出，使振兴煤矿所产原煤堆积如山。不得已，周家兄弟设法自购轮船运煤，先后购置龙兴、华兴、良兴、海兴、保兴各货轮。每天由海兴、保兴两轮拖引排船至巴狗镇前海之中流，拨煤装入龙兴等各船。龙兴轮直航日本八幡等地，载重1500吨的良兴轮航行汕头、上海、镇江、天津各地。华兴轮载重700吨，航行大连、烟台、威海、龙口等地。陆地则经南满铁路瓦房店站转运各地。这样解决了运煤问题，振兴煤矿也向前发展了一步。

周家兄弟在振兴煤矿稍有成就后，又扩大煤矿经营范围。1924年抚顺阿金沟大兴煤矿因矿井地下水势过旺，无力经营，就把矿权卖给周家兄弟。周家接办后，聘请徐凯庄为经理，张贤才为总工程师，立即排水填砂，广开五路矿道，购置设备，采用新法挖煤，结果成效显著，采煤日产量达300吨以上。抚顺日商煤矿看到周家把阿金沟矿办好了，就企图抢占这个矿山。他们施加种种压力，迫使周家出让。周家当然一再抵制。日商就又勾结“满铁”，拒绝为周家运煤。结果煤运不出去，资金周转困难，最后被迫停产。所存大量原煤，不久自燃，总计损失超过百万元。

周家兄弟经过此次失败后，没有气馁，接着又于1926年收买了陈姓在复州陶业矿权一处，开采后很有起色。而日本资本家看了眼红，也和抚顺日商煤矿一样，伸出魔手企图抢占。开始是唆使日本正金银行以不予贷款为要挟，继而勾结“满铁”铁路守备队以武力接收来威胁。此时此刻的周家兄弟确实需要大量现款周转。日本人就想让周家把所办的振兴煤矿矿权作抵押，向日本银行大量贷款，等到贷款积累过多时，迫使周家兄弟一时无法偿还债务而以矿抵债，达到没收周家矿权的目的。周文贵才识过人，早已识破日商的阴谋，决不上当。他宁愿利息高一些向中国人开办的钱庄贷款，或向中国政府求援，在最困难时期，动员顺兴厂、振兴矿各高级职员借贷维持危局。日本人看到软的不行，就动硬的，想以武力强占矿山。周家在紧要关头，利用日本的法律，以最大的毅力与勇气，派周文贵赴东京起诉。周家坚持矿权与国权有关，为维护华商的利益力争到底。经历数次往返，历时达半年之久，最后，在正义面前，在国际舆论支持下，周家终于获得保全产权的胜利。在殖民统治下，中国人能够打赢“官司”，实在是破天荒的事。经过这回较量，周家又壮了胆，1927年在瓦房店附近开办裕和煤矿，购置新设备，全力经营，大连的顺兴厂仍照常生产。周家兄弟以主要精力办矿，希望在复州大地重现当年顺兴厂的兴旺局面。谁知时隔不久，一场悲剧发生了。

1928年，周文贵在大连顺兴厂处理厂务后，在赴复州湾振兴矿途中，路经金州城北三十里堡西海三道湾海峡，突遇狂风袭击，所搭小船颠覆，周文贵落海，不幸命终，享年五丨有二。从此厂务和矿务无人负责。周文富晚年很少过问经营，周家一切企业事务都是周文贵处理。一旦文贵遇难，重担就得由文富担起。但这时顺兴铁工厂和振兴煤矿营业已大不如前，及至文贵噩耗传开，各债权人纷纷前来索债。周文富实在难以应付，在艰难情况下周家的厂矿勉强维持了3年。而日商竟乘人之危，企图低价收买周家的产业。在险恶的环境中，为维护民族工商业的尊严，他毅然决然地将顺兴铁工厂及所属各矿山矿权，全部奉献给奉天省（今辽宁）政府主办之东北大学基金委员会。张学良将军深受感动，念其报国之诚，当即拨给现款150万元，将振兴煤矿收归国有，改名复州湾煤矿公司，并委任周文富为经理，以示信任。

日本人奸计未遂，竟恼羞成怒，强行扣留顺兴厂的产品甚至设备，自行折价抵偿或向外拍卖，使该厂财产损失严重。1929年，在日商和各方债权人的逼债不能全部解决的情况下，顺兴铁工厂及其所属矿业宣告破产清理。周文富忧愤成疾，于1931年不治去世。至此，为民族机械工业奋斗一生的周家兄弟人财俱逝。由小小周家炉发展起来的大型铁工厂，一瞬之间烟消云散。

# 睦堂机制造纸厂

## 屠刀下大连唯一幸存的民族工业

日占时期，大连的“周家炉”最终倒在了敌人残酷镇压的屠刀下，而大连睦堂机制造纸厂则在与敌人的斗智斗勇中幸存下来，创办人庞睦堂也在近代大连轻工业史上留下了浓重的一笔。

## 在大连工商界崭露头角

大连造纸厂的前身是大连睦堂机制造纸厂，创办人庞睦堂是当时“中国商业街”小岗子（今西岗）华商中的头面人物，也是当时大连八大富商之一。

庞睦堂，字子顺，大连市郊南关岭泉水屯人（一说是大连湾柳树屯人），1882年7月生于一个比较富裕的农家。父亲是一个朴实的庄稼汉，生有4个儿子，其中庞睦堂最小，也最受父亲宠爱，自幼被送进私塾，一读就是10年。父亲没有让他务农，而是让他帮助处理家务。庞睦堂为人仗义，从小爱交朋友，好为人排难解忧，成为乡村邻里年轻人中较有影响的人物。

1898年沙俄侵占大连后，需要大量喂养军马的羊草，庞睦堂的二哥三哥因大量承包购运羊草生意而发家，庞睦堂则负责购运羊草的对外联系。由于庞睦堂为人热诚，办事讲信用，赢得了各方的信任，为庞家增强经济实力打下了基础。

当时日本国内需要进口大量豆饼，作为农田肥料。日本控制大连后，便加紧发展大豆加工业，把从东北掠夺来的大豆在连加工后，再运往日本国内。日本殖民当局对大连商人开设油坊给予各种方便条件，庞家及时开设油坊，获得了很多利润。

当时日本侵略者对大连民族工商业采取“分而治之”的策略，全市没有一个统一组织。西岗地区单独成立了华商公议会（商会），1924年换届时，前任会长牛作舟因年事已高，辞去了会长职务，庞睦堂众望所归地当选为会长。

1926年，庞睦堂因成绩卓著，连任会长。由于他深受商民信任，华商公议会专门修订会章，把会长任期改为“无任期限制”。此后，1932年、1934年换届，庞睦堂又连续两届被选为会长，有“终身会长”之称。

早在上个世纪20年代中期，庞睦堂接任商会会长后，即组团赴日本考察实业，归国后一直在考虑要为民族工商业做一些贡献，也就是要自力更生办一座中国人自己的大工厂。他亲自看到顺兴铁工厂周文贵的创业、发展，也看到顺兴铁工厂遭受日本当局的镇压而破产。自己要办什么工厂，不能不吸收顺兴铁工厂的兴亡之鉴。

庞睦堂为此与商会副会长周子扬（其时周文贵已去世）、徐宪斋等人商量，办重工业日本人不允许，那就办轻工业。轻工业门类很多，如纱厂、酒厂等，大家合议，可以办造纸厂，因为造纸本轻利重。居民逢年过节要大量焚烧钱纸（又称海纸、烧纸），还有农村居民大量使用糊窗纸，对纸的需求都比较大。

开造纸厂也有难题，因为当时已有日商开设的造纸厂，大量生产烧纸、糊窗纸，形成了日商垄断的局面。为了维护民族权利，中国人必须开办造纸厂，收回市场。庞睦堂考虑，中国人办厂要向日本殖民当局申请，日本人侵略成性，不一定能批准。于是他运用智慧巧妙地与日寇展开斗争。

庞睦堂首先开始向日本当局申请要办重工业的机械工厂，这是虚晃一枪。日本人不准，就再降一级，申请办纱厂。又不准，则再降一级申办酒厂、食品厂。也还是不准，最后申请办造纸厂，这一回日本殖民当局竟置之不理了。

庞睦堂早有准备，使出高招。不管日本人准不准，自己先开厂，而且是机制造纸厂，购进设备，进了原料，聘请专业技术人员，悄悄地在家乡泉水屯开工生产了。生产大量海纸、糊窗纸，利用本地的人脉关系，秘密向市郊、旅顺、金州、普兰店、庄河、瓦房店等地大量批发。他既不请求“满铁”帮助运输产品，也不请求“满铁”进原料，而是完全用自备马车秘密运输。

庞睦堂的第二招是生产一批卖完后，再生产一批，决不积压。仓库无存货，也就是准备一旦日本人发觉来检查时，有一个应对。庞睦堂的第三招，是买通殖民当局官员身边的嘱托、翻译等工作人员，让他们为自己通风报信，然后用金饰品、玉器、南方名贵土特产，疏通日本官员。

日本鬼子凶恶残暴，也贪财好利，看到庞睦堂送来这些好东西，喜欢得不得了，全部收下了。

庞睦堂看到鬼子收下厚礼，便坦言申请开办造纸厂一事一直未获批准，为了工人们有饭吃，不得不先开工生产一批以应急。现送上全部应缴，税款税率超过日商。日本人看到这些钱，也忘记了有没有批准，全部收下。

庞睦堂看到日本人既收厚礼，又收税款，他就公开组织生产。日本造纸商人风闻此事后，向日本殖民当局提出“严重抗议”，要求维护日本的“帝国利益”，立即取缔庞睦堂开办的造纸厂。

这一下，日本殖民官员为难了，收了庞睦堂这么重的厚礼，这么多的现金税款，对庞睦堂无法来硬的。而日商一再闹事，日本殖民官员给闹糊涂了，也忘记华商税款虽多，却是没有批准生产的“非法”税款，对日商说：“华商所缴税款远远超过你们所缴的，这就是符合大日本帝国的利益。因此，没有取缔华商造纸厂的必要。”

日本造纸商听到这些话，知道日本官方得到了华商的好处，但又无法再反抗，只得灰溜溜地回去，口中大骂日本当局是大混蛋。有的竟一气成病，无法再顾及厂务了。

庞睦堂看到日商造纸厂以失败而告终，于是再送厚礼给日本当局，并说“你们日商污蔑我们在非法生产，我们是合法缴税，请求立即办理合法手续，我们不能再受欺侮了”。到了这个地步，殖民当局不办手续是不行了，于是正式批准“睦堂机制造纸厂”营业。

睦堂机制造纸厂被批准营业后，日商气恼至极，便找更高一级的日本官员告状，但也不了了之，胜利者依然是庞睦堂。这就是庞睦堂从1932年到1936年花了4年时间，创建造纸厂的不为人知的内幕。

睦堂机制造纸厂从1937年起大批量生产，获利甚大。1940年庞睦堂不幸因病去世，厂务由其子庞永铭继续掌控，未受太多影响。直到1945年大连解放，睦堂机制造纸厂依然存在，这是在日本屠刀下唯一幸存下来的华商大企业。

1946年，睦堂机制造纸厂厂长庞永铭继承父亲庞睦堂的爱国精神，将庞家在市内外的房产、农村果园，全部献给政府。睦堂机制造纸厂因资金流转困难无法生产，也被一并献给政府。人民政府念其爱国之诚，又看到这是一家在日寇屠刀下唯一幸存下来的民族企业，而且设备精良，是有发展前途的大厂，决定该厂仍由庞家经营，并投入大量现金作为恢复生产之用，也作为公方的股金，与庞家合作。这是全国新解放区第一家实行的大厂，改名连章造纸厂。后来，该厂又改名大连造纸厂，是有名的工业老字号。

# 万和号

## 特殊的红色资本家

“人民政府给了我‘开明人士’的称号，我一生引以为荣。因为开明了才能进步，有进步，才有光明前途。”

大连解放后，市内原有的八大富豪多四散逃亡，仅存者也资产缩水，不成气候。此时，经济实力雄厚，且从未担任伪职的万和洋行总经理曹正礼脱颖而出，被苏军重用，承担苏军后勤副食品供应任务。曹正礼又在人民政府领导下，开展对外贸易，为恢复全市经济建设，解决民生问题做出了贡献，一时间被人们称之为“特殊解放区城市中的特殊红色资本家”。

## 山西人不去“走西口”却来“闯关东”

曹正礼，1890年出生于山西省太行山下吕梁地区的交城县。这个地区民风强悍，敢作敢为，是出硬汉的地方，因而成为抗日战争中八路军司令部的重要基地。

1893年，晋中地区连年天灾人祸，民不聊生，曹正礼的祖父不甘心饿死在老家，带领全家外出谋生。山西人谋求生计一般是走西口，而曹正礼的祖父不愿走这条血淋淋的求生路，大胆地千里迢迢闯关东，先是来到辽南地区的金县，不久又移居皮口镇。

曹正礼6岁时，祖父看他很聪明，省吃俭用地送他上私塾，学业成绩之佳，出乎老师意料之外。到了9岁，曹正礼已粗通文墨，但迫于生计不得不辍学，到一家外国人开设的化工厂当童工。厂中的外国工程师看到这位小童工特别勤奋好学，把他调到自己家中让他做杂务。由于内心喜爱这小孩，恐他营养不够，每天早餐时给他一个熟鸡蛋和一块牛奶方糖。一开始没注意，后来发现他都没吃。经暗中侦察，外国工程师发现曹正礼把这鸡蛋和方糖，每天急匆匆地送回家中，给病中的母亲吃了。

外国工程师的心被震动了，这样的孩子，这样的行为，外国很少见。他叹服这是东方人美德教育出来的好孩子，于是每天给曹正礼两个鸡蛋和两块方糖，原意是让他除了一半给他母亲外，一半仍自己吃。岂知曹正礼把两个鸡蛋和两块方糖全部送给母亲吃了。事情到了这个地步，外国工程师彻底被感动了，于是把曹正礼当自己的孩子培养。

到了15岁，曹正礼已经学会了俄语、英语、日语等多门外语，外国工程师正要送他上专门学校学习技术时，风云突变。日本人打过来了，外国工程师被迫回国，曹正礼也无奈地离开了皮口。

## ▼万和成为全市最大的肉食供应商

16岁的曹正礼来到了金州，经人介绍到日商井上洋行当学徒。这个洋行专门经营肉食品，他凭过去一心钻研技术的经验，很快掌握了业务，加上他的人品忠厚，又有一口流利的日语，从外表看很像一个日本小青年，深得洋行老板的喜爱，21岁时升任营业部主任。不久，店务全部交给了他经营，他还娶了一位贤淑聪慧的山东人姜秀兰为妻，帮助自己发展业务。

曹正礼的姐夫薛宝亭，在金州城内开设万和号，经营屠宰生意。当曹正礼主持井上洋行业务后，万和号专门供应井上生肉。薛宝亭看到当时肉类加工业生意非常兴旺，确信曹正礼是经营肉类加工业的有实力的行家，遂劝他退出井上洋行，到大连市内华商云集的西岗新开路大龙街开设万和号。

从1913年起，曹正礼经过几年的拼搏，新增大量经营渠道，生意发展一日千里。万和号职工已达100多人。曹正礼性情宽厚，对人诚信，全体职工同心同德，协作创业。到1918年一战结束，万和号一跃成为全市最有名的肉食供应商。

曹正礼经济实力渐强，姐夫退出“万和”另开商号。万和号由曹正礼独资经营，更名为“万和洋行”，他还帮助其兄曹正仁开设“正仁钱庄”，这样资金流通更为方便。

万和洋行开业后，因多年来的营业信誉，与满铁达成了破例由火车托运活牲畜的协议，对于万和洋行来说可以节省人力，降低运费。曹正礼又进一步增聘人才，添置新设备，改进技术。到20年代初，万和洋行在全市拥有8家分号，总店迁至中山区华昌街营业，成为全市最大的肉食商行，曹正礼之名，也在大连商界传播开来。

万和洋行积聚了雄厚的财力，总资产已超过当时市内八大富豪的身价标准（200万日元以上）。而曹正礼对此并无兴趣，甚至商会聘请他为董事，他也婉拒不就。因为他童年时就知道甲午战争的结果是什么，旅顺万忠墓是怎么

1940年，曹正礼为次子曹长生和儿媳郭文娟举行婚礼。（后排正中为曹正礼）

回事。他除了商业方面与日本人联系之外，拒绝担任一切伪职，自愿做一个纯正清白的商人。

## ▼特殊的红色资本家

1945年大连解放，成为特殊解放区。驻连苏军人数庞大，后勤补给任务繁重，尤其是副食品中牛肉猪肉需要本地供应，要有本地商人合作。苏方经过调查，认为万和洋行总经理曹正礼财力雄厚，政治上未任伪职，作为苏军的后勤供应，此人当能胜任，因此把他请到苏军司令部商谈。

洽谈中，苏军后勤部长见曹正礼讲一口流利的俄语，认为他是华人中少见的人才，便把他送到司令官高兹洛夫处。高兹洛夫求贤若渴，询问了曹正礼的身世后，明确通知他要为苏军负责副食供应。但曹正礼却说自己无法应命。

高兹洛夫非常不解："你作为一个商人，有这种机遇，别人都求之不得，你为什么有钱不挣呢？"曹正礼坦言相告："现在大连解放了，原来的大资本家，死的死，跑的跑，都害怕。我也被称为大资本家，但我一直安守本分。"

高兹洛夫听后笑了，好言抚慰曹正礼："我们相信你没问题，要大胆任用你，这是合理合法的，你怕什么？这么办吧，你的洋行的业务也得改一改，可以搞对外贸易，不仅可以经营副食品，还可经营粮食和一切民用物品。其他方面的事我们来联系。至于海陆运输，尽管目前受到封锁，但对我们来说根本无所谓。现在你是我们苏军方面所用的人，你还有什么顾虑的呢？"

曹正礼听到这里，实在没有再拒绝的理由，加上苏军司令官对自己如此诚恳相待，他起身向高北洛夫深鞠一躬，表达自己的感谢之情，随即投入到为苏军的后勤供应工作中。

曹正礼的担心也是实话，作为资本家，他虽然没有当汉奸，没有剥削职工，但有居心不良的人想乘机向他敲诈勒索。别的大资本家都"下岗"了，唯有曹正礼生意更红火，因此，人们叫他特殊的红色资本家。

曹正礼不负苏军所托，很好地完成了苏军后勤的副食品供应任务，与此同时还为市民解决粮食、燃料、日用品短缺问题。在苏军帮助下，他的生意通过苏联发展到欧美、朝鲜、日本、澳大利亚等地；在国内，发展到东北、内蒙古、华北等地。他与苏军真诚合作，把经营的亚细亚西餐馆改名为新亚大酒店，作为苏军军官高级食堂，采取完全俄罗斯式的餐饮服务，受到苏军欢迎，曹正礼在苏军官兵中也成了红人。

## ▼大力支援解放战争

1947年，大连市政府为了迅速恢复全市经济，发行城市建设公债。曹正礼响应号召，认购建设公债300万元（关东币，下同），1949年又认购550万元，在全市是个人认购公债最多的，得到政府表扬和市民赞扬。

1947至1948年间，曹正礼又购置医药用品、军用棉被、粮食、肉食等支援人民解放军，并送去关东币100万元，为此辽南军区司令员、政委给他写了感谢信。

曹正礼在解放初期，还主动向人民政府捐献自己在南关岭的私人土地和300多间房屋，上千棵果树的大果园，金州满家滩、登沙河的私人土地、房产及山地，大辛寨子的养牛场及大量私人房屋。这是他接受新思想教育后的实际行动。

1948年，人民解放军后勤企业大连建新公司，从东北运来20多火车车皮的白条猪，当时建新公司没有冷库，如不及时处理，白条猪将会变质腐烂，造成重大损失。关键时刻，曹正礼发挥万和所长，在最短时间内将白条猪加工成火腿、灌肠、罐头和其他肉食品，为支援前线做出了突出贡献。

曹正礼说："人家说我是红色资本家，这是临时现象，是特殊解放城市的特殊现象。资本家最终是要被消灭的。我最大的感受，是人民政府给了我'开明人士'的称号，我一生引以为荣。因为开明了才能进步，有进步，才有光明前途。"1951年，曹正礼因操劳过度，突患脑出血，不幸病逝，享年61岁。

# 附 录

◯外来的老字号

◯记忆中的老店味道

## 全聚德烤鸭店

全聚德烤鸭店是北京的名店，已有150余年的悠久历史。大连建市早期也有全聚德烤鸭店，但与北京没有加盟关系，后来因经营不善而倒闭。改革开放后，全聚德重新在大连落户，成为全国最早的加盟连锁店之一。

如今，在南山路上，巾帼大厦一楼，全聚德烤鸭店已经成为南山餐饮圈不可或缺的一分子。

全聚德是北京烤鸭店里的老字号，原来名叫“德聚全”，由河北农民杨全仁创办。自1865年始创，几代传承下来，它的生意一直保持红火不衰，是全国餐饮业中的奇迹。

上世纪20年代，大连餐饮业中有位姓于的老板也想办一个烤鸭店。几经周折，在北京与全聚德老板相识并结为朋友，他考察了全聚德的营业方式，最后表示自己愿为全聚德在大连开设分店，北京的全聚德老板也同意了。

20年代初，大连的全聚德烤鸭店在小岗子（今西岗区）中心地段择吉开张了。开业后，烤鸭店门庭若市，生意非常红火。

于老板精研的烤鸭技术共分16道工序，工艺非常精细。但由于烤鸭成本高，一般工薪阶层是不敢入店消费的，顾客大都是有权有势的人物。

坊间曾经流传过大连全聚德的一段轶闻，是关于当年的“东北王”张作霖的。

都知道全聚德的厨师手下功夫了得，片烤鸭片的功夫更是精湛。片烤鸭要求片片带皮，大小均匀，薄而不碎。鸭肉片下后装入盘内，供客人食用。

但1926年4月，大连全聚德店里来的一拨顾客却拒绝这种吃法。

这拨顾客中为首的那位身穿便衣，商人打扮，他就是赫赫有名的“东北王”张作霖。他来大连是为了答谢关东军帮助他清除了郭松龄。但关东军接待很不热情，原因是张作霖没有兑现日方条件。日本人把他安置在旅顺的大和旅馆，并且不准接见任何人。为此他要求来大连，居住在政记轮船公司老板张本政处。

张本政这次接待张作霖非常亲热和周到，张作霖兴致来了，要求到大连街头随便走走。张作霖从东大连走到小岗子，感觉肚子饿了，刚好看见了全聚德烤鸭店，他在北京时知道全聚德

全聚德

是名店，但以大帅身份光临全聚德，行动处处受到限制，并不自由。这次既然是商人打扮，正好解解馋。

张作霖的随行者有3人，一行人入座后，服务人员便请他们等候厨师来片鸭片。张作霖知道这道工艺，感到厌烦不自由，便命服务员拿来四只烤鸭和四瓶名酒，不用厨师切片，自己随便吃。

张作霖一行人开怀畅饮，每人手拿一只烤鸭，吃得不亦乐乎。酒足饭饱，随从呼叫服务员前来结账。服务员进来一看，大吃一惊，道：“哪有这种吃法？”张作霖两眼一瞪：“老子就是这种吃法，你管得着吗！钱一文不缺，快拿去。”说完大手一挥，起身扬长而去。

这段轶闻至今已经难以考证。其时，奉系已经入主北京，可以说执权柄而瞰天下，早已经不是当初起家时的一方土匪，如此粗鲁的吃法与身份实不相符。

大连解放后，因受国民党军的经济封锁，粮食和日用品奇缺，一般私营企业都处于停业状态。直到1948年以后，全市经济才进入全面恢复和建设阶段，但很多私营企业因长期停业而发生变化，有的因无法开业而消失，有的改名换姓。在此期间，全聚德烤鸭店一再更换老板，几经折腾，经济实力大受影响，导致营业亏损，过去生意兴隆的场面不见了。再后来，这个店便折腾没了。

改革开放后，大连方面正式与北京全聚德总公司签约，以加盟费20万元，受理费10万元，以及此后每月上交1.6万元的费用，成为北京全聚德的连锁店，而且是京外设立的第一家全聚德连锁店。

北京全聚德大连连锁店于1988年5月开始正式营业（老百姓称它为全聚德大连分店）。此店开业前做了大量广告，开业当天营业特别红火，由于客人很多，城管和公安都来维持秩序。

全聚德大连连锁店首任经理叫杨淑琴，是一位年仅26岁的女中精英，她上任时，位于新开路北岗桥的店址只有4个包间，经过她和员工们的努力，营业面积逐步扩大了。

全聚德大连店开业至今已有20多年了，它让大连人不必去北京就能品尝到地道的北京烤鸭。南山路上的全聚德烤鸭店隐于政协会馆的北侧，夜来灯火闪烁，烤鸭香飘于晚风中，令人食指大动。

## 开封灌汤包

开封灌汤包是北宋时期誉满京都汴梁（今开封）的地方风味小吃。上世纪60年代，大连人把开封的灌汤包技术学到手后，在灌汤包制作中加入了大连元素，使大连的灌汤包有了海鲜味，味道更加鲜美。

大连人一般把灌汤包习惯地称为“小笼包”。这灌汤包历史悠久，是北宋汴梁72家正店之一“玉楼”的名牌产品，时称“山洞梅花包”。

后来，宋朝京城南迁到临安府（今杭州），灌汤包也来到南方，被南方人称“灌浆馒头”，成为风行于南方各地的小吃。

开封灌汤包子铺原址

由宋、元、明、清一直传到上世纪30年代，这个小吃改称“开封第一楼”灌汤包。该店的厨师将包子由大笼蒸制改为小笼蒸制，并且可以连笼端上饭桌，所以又名“小笼灌汤包”。

1959年，中央在河南郑州召开干部会议。毛泽东、周恩来等中央领导人，在品尝了开封第一楼的小笼包子后，给予很高评价。不久，全国各地饮食行业都派人到郑州登门学艺，大连市饮食服务公司也闻风而动，派了一个学艺小组前往取经。

学艺小组精心学习归来后，就在天津街开设了“开封灌汤包”店，一时顾客盈门。为了适应大连人的口味，厨师们改进工艺，增加了灌汤包的鲜甜味道，虽然仍由纯猪肉制成，但一点也没有油腻之感。前几年因天津街改造，该店迁到长江路198号营业，与另一家老字号“糯米香”隔街相对。最近糯米香搬回天津街，开封灌汤包店也准备与许多老字号一起重返天津街。

# 狗不理包子

“狗不理”创始于1858年。清咸丰年间，河北武清县杨村（现天津市武清区）有个年轻人，名叫高贵友，因其父四十得子，为求平安养子，故取乳名“狗子”，期望他能像小狗一样好养活（按照北方习俗，此名饱含着淳朴挚爱的亲情）。

狗子14岁到天津学艺，在天津南运河边上的刘家蒸吃铺做小伙计，狗子心灵手巧又勤学好问，加上师傅们的精心指点，高贵友做包子的手艺不断长进，练就一手好活，很快就小有名气了。

三年满师后，高贵友已经精通了做包子的各种手艺，于是就独立出来，自己开办了一家专营包子的小吃铺——“德聚号”。他用肥瘦鲜猪肉按3：7的比例加适量的水，佐以排骨汤或肚汤，加上小磨香油、特制酱油、姜末、葱末、调味剂等，精心调拌成包子馅料。包子皮用半发面，在搓条、放剂之后，擀成直径为8.5厘米左右、薄厚均匀的圆形皮，包入馅料，用手指精心捏折，同时用力将褶捻开，每个包子有固定的18个褶，褶花疏密一致，如白菊花形，最后上炉蒸制而成。

由于高贵友手艺好，做事又十分认真，从不掺假，制作的包子口感柔软，鲜香不腻，形似菊花，色香味形都独具特色，引得十里百里的人都来吃包子，生意十分兴隆，名声很快就响了起来。由于来吃他包子的人越来越多，高贵友忙得顾不上跟顾客说话，这样一来，吃包子的人都戏称他“狗子卖包子，不理人”。久而久之，人们喊顺了嘴，都叫他“狗不理”，把他所经营的包子称作“狗不理包子”，而原店铺字号却渐渐被人们淡忘了！

据说，袁世凯任直隶总督在天津编练新军时，曾把“狗不理”包子作为贡品进京献给慈

狗不理

禧太后。慈禧太后尝后大悦，曰：“山中走兽云中雁，陆地牛羊海底鲜，不及狗不理香矣，食之长寿也。”从此，狗不理包子名声大振，逐渐在许多地方开设了分号。

大连狗不理饭店是1956年成立的老字号饭店，1999年，该店改制登记注册为个人独资企业，其名称“大连狗不理饭店”一直沿用至今。

狗不理包子以其味道鲜美而誉满全国，名扬中外。狗不理包子备受欢迎，关键在于用料精细，制作讲究，在选料、配方、搅拌以至揉面、擀面都有一定的绝招儿，做工上更是有明确的规格标准，特别是包子褶花匀称，每个包子都是18个褶。刚出屉的包子，大小整齐，色白面柔，看上去如薄雾之中的含苞秋菊，爽眼舒心，咬一口，油水汪汪，香而不腻，一直深得大众百姓和各国友人的青睐!

## 记忆中的老店味道

### 登瀛阁

大连老菜中的名菜都有什么？就算你是个老大连，也未必都能说得上来。如果真的细说大连老菜，还得从大连最早的饭店说起。

大连在俄日殖民统治时期，全市的餐饮行业基本上分成两大系统。一是以小岗子（今西岗区）为根据地的中国商业街华商经营的饭店，最初是在新开大街、大龙街周围繁华地段开始小本经营。这些小饭店、小酒楼的业主，山东人居大半，以经营鲁菜为主。此后，金州、营口等地的厨师也来市内献艺，以辽菜闻名，鲁、辽两菜系相互竞争，在竞争中吸纳对方之所长，是为今日“连菜”的起步阶段。

另一餐饮系统是日本人、俄罗斯人、法国人再加上朝鲜族人开设的大小餐馆，其中以日商开设的“御料理”（日餐馆）为主，俄罗斯人和法国人开设的是西餐馆，为数不多。朝鲜族人开设的餐馆有20多家，中国台湾人开设的餐馆有5家。这些饭店、酒楼，随着时间的推移，社会的变化，市民对此已经淡忘了。

当时，大连华商菜馆排行第一的是“登瀛阁”，业主叫钟会臣。钟会臣曾在日本人的饭馆工作过，懂得烹调技艺。1911年，他在青泥洼桥电气游园（今裕景商城）开办了大连第一家大型饭店，即登瀛阁，以经营鲁菜为主。钟会臣有技艺，但缺乏财力。不久，在大连公议会会长刘肇亿和副会长郭精义合力支持下，解决了贷款问题，登瀛阁开始红火起来，凡商业集会都在登瀛阁举行。

登瀛阁的拿手名菜是红烧海参、酱焖海参、油炸狮子头、油炸蘑菇、烤肥鸭、糖醋黄花鱼、焖子虾仁等。在商贾巨头们的支持下，在名菜的吸引下，登瀛阁生意红红火火，出现订餐预约现象，还吸引了日本人、西方人等前来消费。

登瀛阁一炮打响，引起了日商的注意，前来品尝鲁菜之后也不免为之叫绝。日商山田三平开设的大连当时最大的大酒楼辽东大饭店，也以鲁菜名噪全市。此后，日商各大饭店为了吸引客人，也陆续开设中餐部，到华商各饭店重金聘请优秀厨师前往掌灶，一时间大连名厨的工资待遇成为工薪阶层中最高的。由于日商的挖墙脚行为，登瀛阁的名厨先后被日商招去，生意开始滑坡，不得不关闭，从此一直没有恢复营业。

## 杏乐天和红杏山庄

随着登瀛阁、辽东饭庄在全市卖座，一大批名菜馆如泰华楼、广源楼、群英楼、杏乐天、红杏山庄、东升园等纷纷开业，其中部分设在东大连地段，而其技术的后备力量仍在小岗子。

杏乐天和红杏山庄都设在小岗子。杏乐天饭店是技术力量较强的大型饭店，后来发展成为股份有限公司，在刘家屯（今沙河口区民权街）设有分店。经理迟元亨是山东福山县桃源村人，有较高的烹饪技术，是烹调鲁菜的能手，其拿手名菜是海参肘子、红烧海参、扒通天鱼翅、熘黄花菜等。从小岗子起家到市内各区发展的厨师，大部分在杏乐天学过艺，所以说杏乐天也是全市厨师培训的基地。

红杏山庄与杏乐天饭店经营菜系不同，红杏山庄是全市本地辽菜厨师的培训基地，以金州、营口的传统辽菜闻名。它最出名的一道菜是熘海蜇皮，特别受顾客欢迎。此菜制作不易，火候稍有不宜，海蜇皮即化为汤水，而红杏山庄却能保持海蜇皮的原样，其味之美堪称一绝。

红杏山庄另一名菜是“炸八块”，把肥嫩的小鸡切成8块用油炸之。在炸之前，先将各种调料配好，炸时要注意火候。此菜成名后风靡全省，成为大连本地菜的名菜。

华商大饭店的名菜，如泰华楼、群英楼、聚仙楼、聚英楼等的葱烧海参、烤鸭、清蒸加吉鱼、红烧鱼翅、海鲜乱炖、清汤柳叶燕菜、蜜汁梨球、油爆双脆等，都是先在小岗子的饭店反复实践操作，长期积累而成名，成为连菜最开始的几大精品菜。

随着时移势迁，杏乐天与红杏山庄先后不见了踪影。

## 日新饭店

大连各名菜馆一般都是经营中餐，在小岗子却异军突起了一家名叫日新饭店的西餐馆，其经理兼厨师姓隋，他独树一帜，以制作西餐一炮打响。日新饭店有道菜叫拔丝冰淇淋，其制作原理业内人都懂得，但要做得恰到好处，实在不易。冰淇淋本是西方首创，可用冰淇淋制作拔丝菜，外国人根本没有想到。由于此菜不仅中国没有，国外也未听闻，因而此菜一出，好奇食客竞相到日新饭店品尝。

隋经理年龄在笔者知道时已是80开外，他在“文革”中因此菜是“崇洋媚外的大毒草”而被打倒。

## 惠宾楼

又名惠宾饭店，是大连名店中的后起之秀，一个时期成为本地帮菜的领头羊。它的招牌菜，有鱼香肉丝、宫保鸡丁、熘肝尖、糖醋鱼等。有一个时期，在大连1元钱能买4斤大对虾，惠宾楼应时推出一元钱一盘的红焖大虾，轰动了滨城街头。惠宾楼的包子口味鲜咸，馅大汁多，香而不腻，是当时大连的名牌产品，很多旅客上火车，都会买上一大包，馈赠亲朋好友。据统计，惠宾楼的包子年销售量曾达30万公斤。

## 王麻子锅贴

王麻子锅贴是大连名点，以猪肉、木耳、海米、红方等为馅心制成。

锅贴是一种美味，虽然也是用面皮包裹着馅心，但其制法又有别于其他馅心类面食。传统的做法是，将猪肉斩成细泥，加精盐、味精、酱油、花生油、香油以及大白菜、木耳、葱姜末调成馅。面团掐坯擀成圆薄片，逐个放上馅心，左手托皮，右手用食指和拇指将中间捏拢，留下捏口两端开口。将平底锅烧热，均匀淋上一层花生油，把锅贴整齐地摆放在锅内，浇上清水，盖上锅盖，煎约六七分钟，再浇上少许清水，煎两三分钟即好。由于用的是油、水混合液体，自始至终都能听到锅内嗞嗞的响声。揭锅盛出，一面色泽焦黄，一面色泽微黄。闻之，香气扑鼻；食之，鲜嫩可口。

锅贴的馅心多变，可荤可素。过去用春初早韭加海米、鲜猪肉调制的三鲜馅锅贴，是民国年间烟台名店东坡楼、太和馆的著名面食之一。而今，锅贴的品种在原有基础上，又有了牛肉馅锅贴、羊肉馅锅贴，高档的还有对虾馅的、海参馅的、鲍鱼馅的、鲜贝馅的等等。生活条件好了，食客的选择余地也就大了。

应该讲，锅贴是平锅出现后的产物，始于何时有待探讨。但胶东锅贴安家在大连，这倒是有记载的。

1941年，福山人王树茂由鲁来辽，定居大连。为了谋生，便将胶东传统锅贴结合当地习俗加以改进，专营起这一风味面食。开始时，用手推车装上炉具、原料、碗筷、佐料，或临街搭棚，或走街串巷，售卖锅贴。他的锅贴做法独特，造型新颖，色泽黄白相间，入口焦嫩，鲜美诱人。因其脸上长有浅白麻子，故人们称具锅贴为王麻子锅贴。1942年，王树茂购置门头房，并顺势挂起“王麻子锅贴”的牌匾，使胶东锅贴终于在大连安家落户。

胶东锅贴用的面团是热水烫面，而王麻子一年四季皆用冷水和面，所以面韧而不起皮。此外，此店有特别的杠头，外表看很硬，实际上松软香脆。还有油炸麻花，也很出名。大连的老百姓说：吃了王麻子的锅贴，别的锅贴都不想吃了。

## 马家饺子馆

一家简单的回民饺子馆，饺子馅只有羊肉、牛肉和素馅的。虽然门面简陋，但是饺子的味道却特别好。这家饺子馆最大的特点就是纯手工现场制作饺子，让人吃着放心。饺子的牛羊肉味道很浓，不能凉着吃，凉了的话味道就很膻，所以必须趁热吃，吃多了会有点腻。一般光吃饺子，10块钱的也就差不多饱了。饺子馆在一个胡同里，有点儿难找。饺子是二两起卖，只有赶上饭点儿才能吃上，因为手工现包，所以时常得等。感觉羊肉的要比牛肉的更好吃。另外，马家饺子馆的小菜水爆肚很嫩，麻酱也调得好。

## 杨家吊炉饼

杨家吊炉饼历史悠久，享誉省内外。它是由河南人杨玉田于1908年在吉林省洮南县创制，至今已有100多年历史，当时立号为“杨饼”。由于杨家大饼店生意兴隆，经营不断扩大，1950年，杨玉田之子杨善修将饼铺迁到沈阳并挂出“杨家吊炉饼”的牌号。为了改进单一的经营品种，又增添了带鸡丝花帽的鸡蛋糕。从此，杨家吊炉饼、鸡蛋糕扬名于东北各地。

杨家吊炉饼用温水和面，水的温度和用盐量随着季节变化而增减。饼片擀好后，上炭炉烤制，全透出炉。成品形圆面平，呈虎皮色，层次分明，外焦里嫩，清香可口。鸡蛋糕用肉末、鲜蘑、木耳、海米烹制，添汤勾芡，浇于鸡蛋糕上，呈花帽形，然后将鸡肉撕成细丝置于上端，吃饼佐之，别有风味。汤鲜糕嫩，清香醇厚，再佐以辣椒油、蒜泥食用，口感更好。

杨家吊炉饼，选料精良，制作精细，品式独特，别具一格，色泽金黄，外焦里嫩，香酥可口，味道独特。用筷子夹起烙好的吊炉饼饼心，提起成条，落盘成饼。佐以用肉末、海米、鸡蛋、元蘑打的鸡蛋糕，食之别有滋味。